¿QUIÉN ES EL MEJOR DE TODOS LOS TIEMPOS?

Para el jefe: Nick Walters

M. O. y S. B.

Avda. Diagonal, 662-664, 08034 Barcelona (España)
www.planetadelibrosinfantilyjuvenil.com
www.planetadelibros.com
infoinfantilyjuvenil@planeta.es
Primera edición: junio de 2025
ISBN: 978-84-08-30247-6
Depósito legal: B. 9.052-2025
Impreso en España

El papel de este libro procede de bosques gestionados
de forma sostenible y de fuentes controladas.

LOS GOAT DEL FÚTBOL

MBAPPÉ VS. HAALAND

MATT OLDFIELD

SETH BURKETT

ÍNDICE

MEDIA PARTE

ESTADÍSTICAS

INCIDENCIA

PRÓRROGA

DEL FÚTBOL MBAPP
LAND LOS GOAT DE
MBAPPÉ VS. HAALAN
DEL FÚTBOL MBAPP
LAND LOS GOAT DE
MBAPPÉ VS. HAALAN
DEL FÚTBOL MBAPP
LAND LOS GOAT DE
MBAPPÉ VS. HAALAN
DEL FÚTBOL MBAPP
LAND LOS GOAT DE
MBAPPÉ VS. HAALAN
DEL FÚTBOL MBAPP
LAND LOS GOAT DE
MBAPPÉ VS. HAALAN
DEL FÚTBOL MBAPP
LAND LOS GOAT DE
MBAPPÉ VS. HAALAN
DEL FÚTBOL MBAPP

SAQUE INICIAL

¿QUÉ ES UN GOAT DEL FÚTBOL?

Matt

Seth

Hola, somos Matt y Seth, ¡y estamos preparados para iniciar una contienda sobre quién es el GOAT! Se dice que la clave de la felicidad es hacer lo que te gusta, y lo que más nos gusta es... ¡discutir sobre fútbol! ¡Continuamente!

Matt
Mi equipo es el mejor.

Seth
Eres seguidor del Southampton y ambos sabemos que están muy lejos de ser los mejores.

Matt
Vale, pero son mejores que el Peterborough United. No nos ganarían ni aunque tuvieran a Mbappé y a Haaland.

Seth
No los necesitamos. Tenemos a Kwame Poku.

Pero ¿cuál es nuestro tema favorito de discusión? ¡EL GOAT DEL FÚTBOL, por supuesto!

Sí, «GOAT» significa «cabra» en inglés, pero queremos aclarar algo muy importante desde ya: este libro no trata de animales. ¡Lo sentimos! No nos malinterpretes, nos gustan mucho las cabras que pastan en el campo o que puedes encontrar en una granja, pero preferimos las que deslumbran en un campo de fútbol, es decir, a los….

GREATEST OF ALL TIME.

Y es que «GOAT» es el acrónimo en inglés de «el mejor de todos los tiempos» para referirnos a los jugadores más inteligentes, rápidos, hábiles y exitosos que ha dado el deporte rey. En otro libro, enfrentamos a Messi frente a Ronaldo, dos leyendas del fútbol cerca del ocaso de sus increíbles carreras. Esta vez, hemos pensado en comparar a dos superestrellas con un enorme presente y un futuro aún más prometedor…

¡MBAPPÉ Y HAALAND!

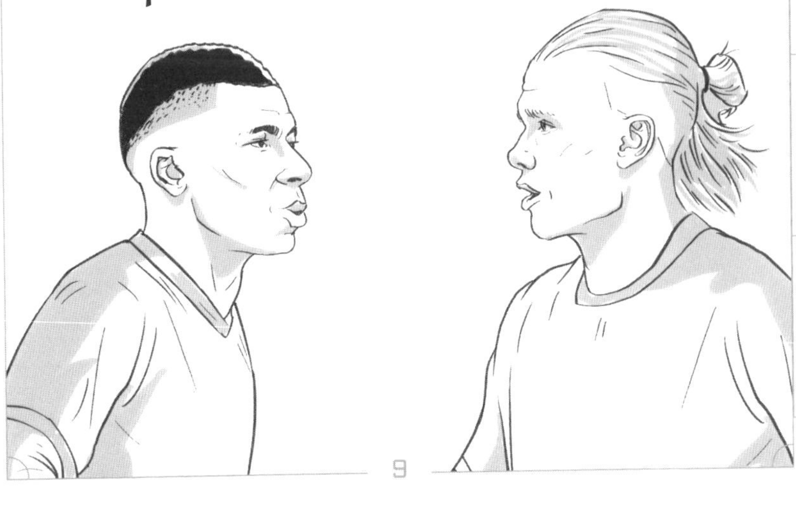

KYLIAN

MBAPPÉ

FECHA DE NACIMIENTO	20 de diciembre de 1998
LUGAR DE NACIMIENTO	Bondy, Francia
DEMARCACIÓN ACTUAL	Extremo derecho/Extremo izquierdo/Delantero centro
CLUBES	· AS Mónaco (2015-17) · Paris Saint-Germain (2017-24) · Real Madrid (2024-actualidad)
APODOS	· Kiki · 37 (kilómetros por hora, su velocidad punta) · Donatello (por el personaje de *Las Tortugas Ninja*) · Mbébé

ERLING

HAALAND

FECHA DE NACIMIENTO	21 de julio de 2000
LUGAR DE NACIMIENTO	Leeds, Inglaterra
DEMARCACIÓN ACTUAL	Delantero centro
CLUBES	· Bryne (2016-17) · Molde (2017-19) · FC Salzburgo (2019-20) · Borussia Dortmund (2020-22) · Manchester City (2022-actualidad)
APODOS	· Terminator · El Vikingo · Daemon (por el personaje de *Juego de Tronos*) · El Niño Hombre

Perfecto, ¡que empiece el partido! ¿Quién es el número uno, el mejor de los mejores, el indiscutible GOAT del fútbol?

Seth
Mbappé, fin. Ha sido muy fácil. Asunto zanjado…

Matt
Vaya con mi amigo y a veces rival futbolístico… ¡No tan rápido! No estoy para nada de acuerdo y no permitiré que desprestigies de esta forma a Haaland…

Seth
¿Por qué? ¿Porque es grande y fuerte, y marca muchos goles?

Matt
Pues sí, ¡son cualidades muy útiles para un delantero! ¿O preferirías a alguien pequeño, débil y que no supiera rematar?

Seth
No, preferiría a Mbappé.

Matt
Muy bien. Seamos serios. ¿Por qué no me expones las razones de tu elección y, luego, yo te expongo las mías?

Seth
¿Cómo? ¿Quieres decir que discutamos como adultos?

Matt
Exactamente, por fin estamos de acuerdo en algo.

La verdad es que este tema de discusión es bastante común entre aficionados e incluso entre los propios jugadores de fútbol. Por eso, este libro pretende ayudar a aclararlo. Haremos una minuciosa comparativa entre Mbappé y Haaland, enfrentándolos cara a cara a partir de una serie de cualidades. Veamos con más detalle las categorías en cuestión…

¿QUÉ CUALIDADES CARACTERIZAN A UN GOAT?

SU CARÁCTER
Analizaremos el aspecto mental del juego: personalidad, mentalidad y liderazgo.

SUS HABILIDADES
Estudiaremos todas las habilidades futbolísticas: físicas, técnicas y tácticas. Y, luego, haremos la pausa de la media parte.

SUS ESTADÍSTICAS
A continuación, analizaremos los números: los goles, las asistencias, los premios individuales y los trofeos en equipo.

SU INCIDENCIA
Por último, analizaremos el panorama general: cómo nuestros GOAT han influido en sus clubes, en sus selecciones y en el deporte rey.

¿Y quién sabe lo que puede pasar en la prórroga? Emocionante, ¿eh? Pero antes de que empiece la contienda, es hora de que conozcamos los inicios y las carreras de nuestros GOAT…

LOS ORÍGENES DE KYLIAN MBAPPÉ

«1998 fue un año inolvidable para el fútbol francés porque Francia ganó la Copa Mundial. Pero, seis meses después, apareció alguien y dijo: “No es suficiente, soy Kylian Mbappé y quiero lograr más éxitos”».

ARSÈNE WENGER, EXENTRENADOR DEL ARSENAL

Desde pequeño, cuando jugaba en las calles de Bondy, un barrio del noreste de París, Kylian ya tenía una gran confianza en sí mismo y muchos sueños por cumplir. «Algún día jugaré en el Real Madrid», les decía a sus padres, Wilfried y Fayza. Soñaba con seguir los pasos de su héroe, Cristiano Ronaldo, cuyos pósteres cubrían las paredes de su habitación. «¡Y voy a ganar la Copa Mundial!», proseguía, para emular a su otro héroe, Zinédine Zidane.

Soñar a lo grande es estupendo, pero ¿conseguiría el chico de Bondy hacerlos realidad? Sí, Kylian siempre tuvo la certeza de que lo lograría.

Desde muy jovencito, su vida giró en torno al fútbol. Pasaba todo el tiempo que podía en el club de su barrio, el AS Bondy, viendo a su padre entrenar a los jóvenes. En cuanto tuvo la edad permitida, empezó a jugar en el club.

¿Sabías que...? Kylian tiene un hermano mayor adoptivo llamado Jirès Kembo Ekoko. Jirès era futbolista profesional, y debutó con el Rennes francés en 2006, cuando Kylian tenía ocho años. Además, Kylian tiene un hermano menor, Ethan.

El entrenador Antonio Riccardi vio rápidamente que Kylian tenía un talento muy especial. Cuando se enfrentaba a los chicos de su misma edad, ¡no paraba de marcar goles! A los once años, ya jugaba con chicos que tenían dos años más que él. Kylian empezó a llamar la atención de ojeadores de grandes clubes como el PSG, el AS Mónaco, el Chelsea… ¡y el Real Madrid!

¡Increíble! Pero ¿estaba ya preparado para cumplir uno de sus grandes sueños? No, Kylian y su familia decidieron ir paso a paso, empezando por una estancia en Clairefontaine, una academia parisina para jóvenes jugadores talentosos. Al principio, Kylian tuvo dificultades, pero, en su segundo año, explotó: se hizo más alto, más rápido, más fuerte y ¡aún mejor jugador!

Cuando Kylian estuvo preparado para abandonar la academia, la gran pregunta era en qué club seguiría su carrera. ¿En el poderoso Real Madrid? No, sus padres querían que se quedara en Francia. Kylian decidió enrolarse en el AS Mónaco, un club famoso por formar a jugadores jóvenes de primer nivel como Lilian Thuram, David Trezeguet o Thierry Henry, ¡otro de sus héroes!

En noviembre de 2015, tuvo su primera oportunidad de jugar con el primer equipo. Las principales estrellas del AS Mónaco tenían compromisos internacionales, así que Kylian fue convocado para entrenar con el primer equipo. Al final de la sesión, ya había causado una gran impresión al entrenador, Leonardo Jardim. «Este chico no debe volver al filial», sentenció.

A partir de aquí, todo fue muy rápido. En diciembre de 2015, Kylian se convirtió en el debutante más joven de la historia del primer equipo del AS Mónaco, con dieciséis años y once meses, batiendo el récord de Henry. Y, en febrero de 2016, se convirtió en el goleador más joven del equipo monegasco, con diecisiete años y dos meses, batiendo de nuevo a Henry. La nueva superestrella gala ya era una realidad. «Sabía que era solo el principio de una larga historia, el comienzo de una gran historia», declaró Kylian más tarde.

Sin embargo, para escribir el siguiente capítulo, tuvo que esperar. El 21 de febrero de 2017, dio toda una exhibición en el mayor escenario del fútbol europeo...

MOMENTO ESTELAR DE MBAPPÉ

MANCHESTER CITY 5 | 3 AS MÓNACO

17 DE FEBRERO DE 2017

Su primera titularidad en la Liga de Campeones, a domicilio contra uno de los mejores equipos de la Premier League... ¡Adelante! Kylian afrontó el partido con confianza y sin ningún miedo, incluso cuando el City se adelantó en el marcador. Su compañero de ataque, Radamel Falcao, marcó el gol del empate.

Más tarde, al borde del descanso, Fabinho envió un balón en profundidad... Kylian logró dejar atrás a todos los defensas del City y hacerse con el esférico. Redujo la velocidad y conectó un impresionante disparo que se coló por la escuadra. ¡Guau, menuda forma de estrenarse como goleador en la Liga de Campeones!

Aunque perdió ese encuentro, el AS Mónaco logró superar la eliminatoria y alcanzó las semifinales de la Liga de Campeones, además de proclamarse campeón de la liga francesa por primera vez en 17 años. ¿Y qué pasó con Kylian? Bueno, el resto es historia del fútbol...

CRONOLOGÍA DE LA CARRERA DE MBAPPÉ

- 2017 Su ajetreado y fulgurante año continúa: en marzo, Kylian debuta como internacional con Francia, y, en agosto, ficha por el PSG por 180 millones de euros, ¡convirtiéndose en el jugador joven más caro de la historia!

- 2018 Kylian levanta el primero de sus seis títulos de la Ligue 1 con el PSG, y cumple su sueño de niño al ganar la Copa Mundial con Francia, aportando cuatro goles.

- 2019 Termina como máximo goleador de la Ligue 1, ¡logro que repetiría durante seis temporadas consecutivas!

- 2020 Kylian se convierte en el jugador más joven en marcar 20 goles en la Champions League (un récord que Erling Haaland pronto rompería), y ayuda al PSG a alcanzar por fin la final. Sin embargo, caen derrotados por 1-0 ante el Bayern de Múnich.

- 2021 Lidera a Francia en la victoria de la UEFA Nations League, dando una asistencia y anotando el gol de la victoria en la final contra España.

- 2022 Kylian marca un *hat-trick* en la final de la Copa Mundial, pero Francia pierde en los penaltis contra la Argentina de Lionel Messi.

- 2023 Se convierte en el máximo goleador histórico del PSG.

- 2024 Kylian finalmente cumple otro de sus sueños de la infancia: fichar por el Real Madrid, el gigante español.

LOS ORÍGENES DE ERLING HAALAND

En la actualidad, es internacional por Noruega, pero la historia de Erling comienza en Inglaterra… Haaland nació en Leeds, ya que su padre, Alf-Inge (Alfie) Haaland, jugaba en el equipo de la Premier League como un sacrificado centrocampista defensivo. Cuando Alfie se retiró, la familia se trasladó a su ciudad natal, Bryne, en Noruega.

Allí, a orillas del lago Frøylandsvatnet, el joven Erling comenzó su andadura deportiva, probando suerte con el balonmano, el golf e incluso el atletismo, inspirado por su madre, Gry Marita Braut, que había sido campeona noruega júnior de heptatlón.

Finalmente, Erling decidió seguir los pasos de Alfie. «Voy a ser futbolista profesional, ¡y voy a ser mejor que mi padre!», no tardó en decir a todo el mundo en su club local, el Bryne FK. Era una afirmación un tanto arriesgada, pero Erling siempre tuvo mucha confianza en sí mismo.

¿Sabías que...? Erling sigue ostentando el récord mundial de salto de longitud registrado por un niño de cinco años: ¡1,63 metros!

Una cosa quedaba clara: iba a ser un futbolista diferente a su padre. ¿Bregar en el centro del campo? No, gracias. Erling quería jugar más adelantado, marcar goles y alcanzar la gloria. Así que optó por ser delantero. Como era pequeño y muy delgado, tenía que ser rápido e inteligente, desplazarse en el momento oportuno para que los grandes defensas no lo pararan.

Bajo la experimentada tutela de Alf Ingve Berntsen, empezó a meter muchos goles y, cuando tenía quince años, fue invitado a entrenar con el primer equipo del Bryne. A muchos jóvenes les habría asustado semejante reto, pero a Erling, no. ¿Tener que entrenar con jugadores mucho mayores que él? ¿Equivocarse? Nada le asustaba. Unos meses más tarde, debutó con el primer equipo.

No logró marcar con el Bryne, pero, aun así, Erling llamó la atención de los ojeadores. Pronto, muchos clubes se interesaron por su fichaje, entre ellos el TSG 1899 Hoffenheim alemán y el FC Copenhague danés. No obstante, Erling optó por quedarse en Noruega y fichar por el Molde, el club dirigido por la leyenda nacional y exdelantero del Manchester United, Ole Gunnar Solskjær. Sin duda, fue una decisión acertada. Era el lugar ideal para seguir progresando.

Erling no tardó en mejorar, ¡y tampoco en crecer! De la noche a la mañana, se había convertido en un joven alto y fuerte, además de rápido e inteligente. ¡Era un delantero total! A partir de 2018, empezó a despuntar en el Molde y, por ejemplo, ¡marcó cuatro goles en los primeros 20 minutos de un partido contra el Brann!

Haaland estaba desatado. Después de marcar seis goles más en los 11 partidos siguientes, grandes clubes europeos como la Juventus o el Manchester United volvieron a mostrar interés en él. No obstante, Erling aún no estaba preparado para dar ese paso. De momento, quería ir a un sitio donde pudiera jugar mucho y progresar como futbolista sin demasiada presión. Así que eligió al campeón austriaco: el FC Salzburgo.

A Erling le costó adaptarse a un nuevo club en un nuevo país, pero todo cambió tras una exitosa participación en la Copa Mundial Sub-20 disputada en 2019 en Polonia, donde marcó nueve goles. Sí, **¡nueve!**, en un partido contra Honduras. Erling regresó a Austria repleto de confianza, y, cuando arrancó la temporada 2019-20, marcó 11 goles en los primeros siete partidos, ¡incluidos dos *hat-tricks*! El siguiente paso era la competición con la que siempre había soñado de niño…

MOMENTO ESTELAR DE HAALAND

FC SALZBURGO 6 | 2 KRC GENK

17 DE SEPTIEMBRE DE 2019

En su debut en la Liga de Campeones, Erling tardó solo dos minutos en marcar su primer gol, y otros 32 en anotar el segundo. ¿Sería capaz de lograr un *hat-trick* en su primer partido? ¡Sin duda! Tras estirar su larga pierna derecha, logró el tercer tanto y ¡completó un *hat-trick* antes incluso de que sonara el pitido del descanso! Al final del partido, Erling se marchó con el balón del partido y con un nuevo récord de la Liga de Campeones: se había convertido en el primer jugador que lograba un *hat-trick* en la primera parte del encuentro de su debut en esta competición.

Era la presentación definitiva del nuevo delantero estrella, y el resto es historia del fútbol…

CRONOLOGÍA DE LA CARRERA DE HAALAND

- 2019 Erling cierra una intensa temporada fichando en diciembre por el Borussia Dortmund alemán por 20 millones de euros.

- 2020 Termina la temporada 2019-20 como segundo máximo goleador del Dortmund con 16 goles, ¡a pesar de haberse incorporado al club a mitad de temporada! Además, marca su primer gol con la selección absoluta de Noruega ante Austria.

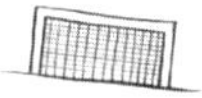

- 2021 Gana la Copa de Alemania (conocida como «DFB-Pokal») con el Dortmund, así como el premio al mejor jugador de la temporada en la Bundesliga tras anotar 27 goles en 28 encuentros.

- 2022 Tras dos exitosos años en Alemania, ficha por el Manchester City, campeón de la Premier League, por 60 millones de euros.

- 2023 Gana el triplete en su primera temporada con el City: la Premier League, la FA Cup y la Liga de Campeones. También logra tres reconocimientos personales: el premio al mejor jugador de la temporada de la Premier League, el premio al mejor jugador joven de la temporada de la Premier League y la Bota de Oro de la Premier League, ¡tras lograr el récord de 36 goles en liga!

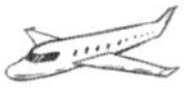

- 2024 Erling vuelve a ganar la Premier League y la Bota de Oro.

Bien, ahora que ya conocemos un poco mejor a nuestros protagonistas, ¡es hora de que empiece la contienda! Pero, primero, un rápido recordatorio de las reglas:

1. Vamos a debatir con calma.
2. Vamos a jugar limpio.
3. Vamos a ser ingeniosos.

Las únicas armas que necesitamos para esta batalla son nuestros cerebros futbolísticos.

Matt
Sí, Seth, ¡nada de entradas con los tacos por delante!

Seth
¡Claro! ¡Vamos a escribir sobre fútbol, no a jugar un partido!

Matt
Buena observación. Por eso no llevo puestas las botas de fútbol…

Seth
¡Pero sí la equipación completa!

Matt
Valía la pena para ver tu cara de sorpresa.

Seth
Venga, colega, ¿recuerdas lo que hemos acordado?

Matt
Lo siento…

Empezaremos por el carácter…

CARÁCTER

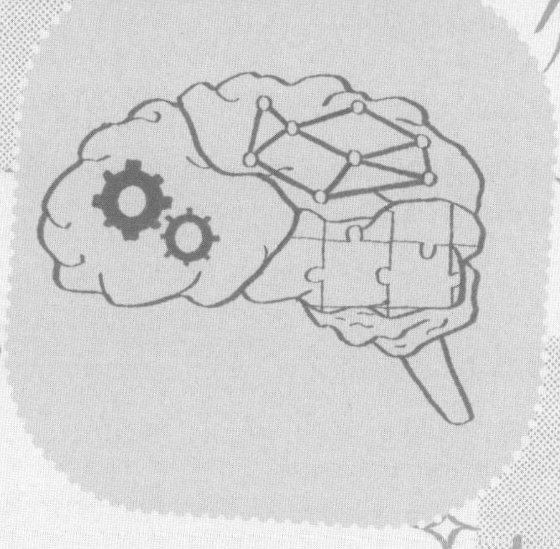

¿QUÉ ES EL CARÁCTER?

No te preocupes, más adelante analizaremos a fondo cómo se desenvuelven Mbappé y Haaland en el terreno de juego: sus habilidades y sus puntos fuertes, sus goles y sus momentos de gloria. Pero, antes de eso, vamos a centrarnos en su carácter.

¿Por qué? Bueno, puedes tener la velocidad de un guepardo, la potencia de un elefante y las mejores cualidades de Messi y Ronaldo juntos, pero, si no puedes rendir al máximo bajo presión, delante de miles de personas, ¡olvídate! Para alcanzar el estatus de GOAT, necesitas demostrar un carácter especial.

En esta sección, trataremos…

LA PERSONALIDAD
Veremos cómo Haaland y Mbappé sacan lo mejor de sus respectivas personalidades.

LA MENTALIDAD
Estudiaremos sus mentalidades (formas de pensar) y cómo han ido superando todos los retos que se han presentado a lo largo de sus carreras.

EL LIDERAZGO
Terminaremos analizando cómo ejercen su liderazgo e inspiran a las personas que los rodean.

PERSONALIDAD

Por lo que respecta a su personalidad, Mbappé y Haaland comparten algunas similitudes (empuje, determinación, estrechas relaciones familiares, un amor obsesivo por el fútbol, etc.), aunque también son muy diferentes en ciertos aspectos. Precisamente eso hace tan interesante a estos futbolistas.

KYLIAN MBAPPÉ

Sabemos muchas cosas de Mbappé porque se ha convertido en una estrella mundialmente conocida en la era de las redes sociales.

¿Qué coche tiene? A pesar de tener una gran colección de coches de lujo, ¡Kylian no puede conducirlos porque no tiene carné!

¿Cuáles son sus alimentos favoritos?
Alimentos saludables que le proporcionan la energía que necesita un atleta, como la pasta, el salmón y el aguacate.

¿Cuáles son sus videojuegos favoritos?
El *FIFA* (ahora, *EA Sports FC*) y el *NBA 2K*.

Pero no estamos aquí para contarte cosas como qué reloj prefiere llevar Mbappé (el Hublot Big Bang), sino para profundizar en su personalidad…

ES AMBICIOSO

Desde pequeño, Kylian tenía muy claro que triunfaría en el mundo del fútbol. A los seis años, se aprendió el himno nacional francés para cuando fuera mayor poder cantarlo orgulloso formando parte de la selección francesa.

Cuando a los catorce años le preguntaron por su sueño futbolístico, respondió: «jugar en el Real Madrid. Es mejor apuntar a la Luna. Así, si fracasas, llegas a las nubes». Ambición a raudales, y a Kylian no le ha ido nada mal. 11 años más tarde, ¡logró cumplir su sueño!

TIENE MUCHA CONFIANZA EN SÍ MISMO

Cuando creces teniendo a Cristiano Ronaldo como ídolo futbolístico, es muy probable que te conviertas en una persona con mucha confianza en ti mismo, y Kylian sin duda lo es. «Cada vez que salto al campo, me digo a mí mismo que soy el mejor», declaró en una entrevista. Y, cuando le preguntaron quién era su superhéroe favorito, no dudó en responder: «¡yo!».

QUÉ DICEN SUS CRÍTICOS

«Mbappé es muy arrogante. Actúa como si fuera mejor que los demás...».

¡ERROR!

Cuando uno es arrogante, cree que ya es el mejor. Pero las personas seguras de sí mismas saben que, si piden ayuda, pueden seguir mejorando. Cuando era más joven, Kylian a veces se metía en líos por su confianza en sí mismo, pero sus entrenadores también lo describen como un gran trabajador, una persona siempre dispuesta a escuchar y un gran alumno.

Esa confianza es como un superpoder que ha empujado a Kylian a seguir mejorando su juego. «Estaba seguro de que triunfaría. Su calidad era evidente, pero solo él creía que llegaría tan lejos como lo ha hecho», afirmó Alain Mboma, amigo de la familia y entrenador de fútbol formativo.

ES MADURO

«Siempre hay que poner el listón alto, si no, no progresamos». No, no son las palabras de un político veterano y sabio; son las palabras de Kylian... ¡con dieciocho años!

Y un año después, tras ganar la Copa Mundial, estrechaba la mano y compartía sus impresiones con el presidente francés, Emmanuel Macron. Se ha dicho que el joven Kylian hablaba como un cuarentón. A diferencia de muchos futbolistas profesionales, también parece actuar como tal. Hay pocos futbolistas más profesionales que Kylian, y lleva así años.

Cuando ganó el Europeo Sub-19 en 2016 con Francia, sus compañeros de equipo salieron a celebrarlo. Mbappé, en cambio, decidió irse a su casa y centrarse en su siguiente objetivo: debutar en el primer equipo del AS Mónaco.

Un año más tarde, cuando el AS Mónaco se proclamó campeón de liga, sus compañeros salieron a celebrarlo. Mbappé, en cambio, decidió irse a su casa y centrarse en preparar el último partido de la temporada, aunque ya no tuviera trascendencia.

ERLING HAALAND

¿Qué sabemos de Haaland? Mientras que a Kylian le encanta hablar, Erling prefiere permanecer callado, especialmente delante de las cámaras. Durante una incómoda entrevista en 2019, le preguntaron: «en una escala del 1 al 10, ¿cómo de aburrido estás ahora mismo?». Y Haaland respondió: «9,9!».

A pesar de sus escuetas declaraciones, sabemos muchas cosas sobre él.

- **¿Qué coche tiene?** Además de contar con una impresionante colección de coches de lujo, Erling también tiene un tractor.
- **¿Cuáles son sus alimentos favoritos?** Antes de un partido: mucha carne roja, incluidos corazones e hígados de vaca (¡ecs!); después un encuentro: ¡pizza de kebab!
- **¿Cuáles son sus videojuegos favoritos?** *Minecraft* y *Clash of Clans*.

Y, hasta aquí, la información anecdótica. Pero ¿qué sabemos sobre la personalidad de Erling?

TIENE LOS PIES EN LA TIERRA

Erling es una superestrella del fútbol, pero siempre será el chico de Bryne. Allí pasa el verano, visitando a sus amigos y familiares, comiendo pizzas de kebab, trabajando en su granja e incluso cortando leña en el bosque. Como dice el propio Erling, «no hay nada más noruego que eso».

¿Qué influencia ha tenido su ciudad natal en su personalidad? «En mi tierra, en Noruega, somos muy humildes», explica. «Tengo que trabajar duro, seguir siendo humilde, no creerme que soy más que nadie, porque hay muchos jugadores ahí fuera».

A pesar de su fulgurante progresión, Erling no se ha olvidado de sus raíces ni de las personas que lo ayudaron en su carrera. Cuando ganó el premio al Deportista Revelación del Año de Noruega en 2020, incluso dio las gracias a Torbjorg *Tante* Haugen, el cocinero del equipo del Molde, ¡cuya deliciosa comida le había ayudado a hacerse tan grande y fuerte!

Es un tipo que habla de comprar cerdos Percy en Marks & Spencer, y que celebra los goles de sus compañeros de equipo tanto como los suyos. El antiguo entrenador de Erling en Bryne, Alf Ingve Berntsen, lo define como «un chico normal con un don especial».

ES MUY CENTRADO

Pero que no te engañe su humildad, pues Erling está centrado en ganar tantos trofeos y marcar tantos goles como pueda. Nada se interpondrá en su camino: ni la fama ni los defensas ni los críticos.

¿Un fallo? No pasa nada. Erling sigue adelante y trata de hacerlo mejor la próxima vez.

¿Una derrota decepcionante? No pasa nada. Simplemente la utiliza como motivación para esforzarse aún más y ganar el siguiente partido.

¿Cuáles es el secreto de su increíble concentración?

1. Meditación (como demuestra la postura de yoga que hace Erling cuando celebra un gol): para mantener la calma y «dejar de lado los pensamientos negativos».
2. Relajación: para desconectar del fútbol, porque, según Erling, «pensar demasiado en el fútbol no es bueno».

LE ENCANTA DIVERTIRSE

QUÉ DICEN SUS CRÍTICOS

«Personalidad, ¿qué personalidad? Haaland tan solo es una especie de cíborg goleador».

¡ERROR!

Créenos que, cuando no está delante de las cámaras, a Erling le encanta reírse. Alguien que tenga a Jack Grealish como su mejor amigo en el Manchester City tiene que ser un tipo divertido, ¿no?

¿Quieres más pruebas?

- El vídeo musical de rap que grabó en 2016 con dos de sus compañeros de la selección juvenil de Noruega, con el nombre de «Flow Kingz».

- La imitación que hizo de su compañero del Manchester City John Stones diciendo el nombre del museo francés «El Louvre».
- El colorido pijama de seda que le gusta llevar en público, ¡incluso en la celebración del título de la Premier League del Manchester City en 2023!

Además de mostrar su divertida personalidad fuera del terreno de juego, a Erling también le encanta divertirse en él. «El día que deje de divertirme, no creo que vuelva a jugar», afirma.

¿QUIÉN GANA?

Uno es ambicioso y el otro, realista. Uno es maduro y el otro, amante de la diversión. A uno le encanta el *FIFA* y al otro, *Minecraft*. Mbappé y Haaland tienen personalidades muy diferentes, pero ¡eso no significa que uno sea mejor que el otro! Lo más importante es que ambos han encontrado la manera de sacar lo mejor de sí mismos.

Sin embargo, en lo que a mentalidad se refiere, nuestros protagonistas son muy parecidos, como verás a continuación…

MENTALIDAD

La mentalidad de una persona es su forma de pensar y su actitud ante la vida. Una mentalidad positiva es especialmente importante en los momentos difíciles.

QUÉ DICEN SUS CRÍTICOS

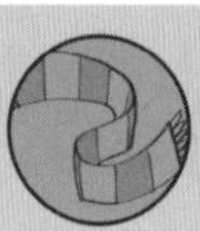

«Momentos difíciles? ¡Mbappé y Haaland ni siquiera conocen el significado de esa palabra!».

¡ERROR!

Aunque nuestras jóvenes estrellas ya han cosechado grandes éxitos, también han experimentado decepciones y fracasos durante su andadura profesional. Al fin y al cabo, son humanos, aunque a veces cueste creerlo…

Sí, Mbappé y Haaland han jugado partidos decepcionantes, han perdido finales importantes, han fallado penaltis trascendentales y han visto cómo se les escapaba el triunfo de entre los dedos. Lo que les hace tan grandes es cómo reaccionan cuando las cosas van mal. ¿Se lamentan y se rinden? **No.** Se levantan y vuelven a intentarlo, haciendo gala de una mentalidad positiva y ganadora.

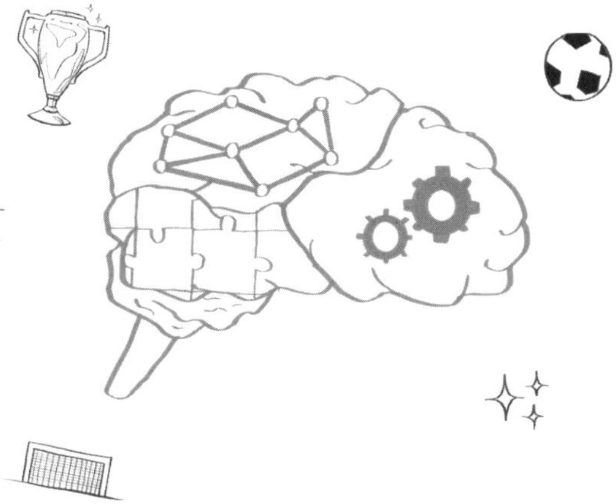

Siendo niños, Mbappé y Haaland se mostraban confiados en convertirse algún día en superestrellas del fútbol. Pero es mucho más fácil decirlo que hacerlo, incluso con un talento especial y una familia que los apoya. Las palabras no son más que eso. Han tenido que recorrer un largo camino hacia el éxito. Han trabajado duro sus puntos fuertes y débiles, afrontando nuevos retos y superando todos los obstáculos que se interponían en su trayectoria.

«No es fácil ser futbolista; hay mucha presión. Hay que tomar muchas decisiones, y la mentalidad tiene que ser la correcta».

ERLING HAALAND

Veamos esas mentalidades positivas en acción...

KYLIAN MBAPPÉ: DE SER SEÑALADO POR FALLAR UN PENALTI A HÉROE CON UN HAT-TRICK

Son los octavos de final de la EURO 2020, y el duelo entre Francia y Suiza se ha alargado hasta la tanda de penaltis. Kylian no se lo puede creer: ¡la selección gala ganaba 3-1 a falta de diez minutos para el final!

Tendrán que sufrir para ganar. Los cuatro primeros lanzadores franceses logran anotar, pero también lo hacen los cinco jugadores suizos. Solo resta el último lanzamiento para la selección gala y ¿quién se adelanta para lanzarlo? Kylian, por supuesto, convertido ya en su principal estrella. Tras una carrera titubeante, lanza un disparo hacia la esquina inferior… pero Yann Sommer, el guardameta suizo, adivina la trayectoria y ataja el balón. Noooooooo, Francia, campeona del mundo y principal favorita para hacerse con la EURO 2020, ¡ha quedado eliminada!

DESGARRADOR

Fue un momento desgarrador para todos los jugadores franceses, pero sobre todo para Kylian, quien erró el penalti definitivo. Y ahí no quedó

la cosa… Durante los días siguientes, recibió tal cantidad de ataques e insultos racistas en internet que incluso se planteó dejar la selección nacional. Finalmente, Kylian decidió seguir jugando para su país. Utilizó su dolor como acicate para volver con más fuerza. El primer paso fue liderar a Francia en la final de la Liga de Naciones de la UEFA, marcando el gol de la victoria frente España. Se había convertido de nuevo en un héroe nacional.

Sin embargo, un trofeo no era suficiente para Kylian; no, para volver a ganarse a su país, quería lograr también la Copa Mundial 2022. A su llegada a Catar, dejó claro su mensaje: «El fracaso en la EURO fue una bofetada en la cara. Es una gran mancha en mi currículum con la selección. Tengo sed de venganza».

VENGANZA

Advertencia: ¡peligro para todos los defensas! Kylian marcó

un gol contra Australia, dos contra Dinamarca y otros dos contra Polonia en octavos de final. El número diez de Francia estaba en racha y, tras las ajustadas victorias sobre Inglaterra y Marruecos, había logrado su objetivo de alcanzar otra final de la Copa Mundial, esta vez contra la Argentina de Lionel Messi.

Ganar una segunda Copa Mundial sería la manera perfecta para que Kylian se desquitara definitivamente, pero, a medida que pasaban los minutos, el objetivo se complicaba cada vez más. Argentina ganaba 2-0 e iba disparada hacia el triunfo final... ¿o no? Kylian no pensaba darse por vencido, solo necesitaba una ocasión para encender la chispa de la remontada francesa...

EL REGRESO DEL HÉROE

En el minuto 80, el árbitro decretó penalti por una entrada a Randal Kolo Muani. ¿Se atrevería Kylian a lanzarlo, a pesar de lo sucedido en la EURO 2020? Por supuesto. El penalti errado frente a Suiza le sirvió de acicate para volver a intentarlo. Nada iba a detenerlo, ni siquiera el *Dibu* Martínez, uno de los mejores guardametas del planeta. **¡Gol!**

¡Hay partido! Un minuto después, Kylian hizo una pared con Marcus Thuram y perforó por segunda vez el arco argentino con una volea rasa. Era el 2-2. ¡Qué remontada!

En la prórroga, Messi puso el 3-2 para Argentina, pero ¿adivinan quién empató para Francia? En efecto, Kylian... y lo hizo tras anotar otro penalti con el que completó un *hat-trick* en la final de la Copa Mundial. La finalísima se decidiría en la tanda de penaltis. Esta vez, en lugar de ser el último, Kylian decidió ser el primero en lanzar para su país. En esta ocasión, Kylian no falló, pero, lamentablemente, sus compañeros no estuvieron igual de acertados. Tras dos paradas de Martínez, Argentina se llevó el trofeo de la Copa Mundial.

Para Kylian, fue un momento de emociones encontradas, una mezcla de decepción por la derrota y orgullo por su actuación personal. De ser señalado por errar un penalti a convertirse en un héroe gracias a su *hat-trick*. ■

ERLING HAALAND: DE JUGADOR DE SEGUNDA DIVISIÓN A BICAMPEÓN DE LA PREMIER LEAGUE

Marzo de 2024. Suena el pitido final y el público del Etihad Stadium reacciona frustrado. El City ha empatado a cero, y se queda a dos puntos del Arsenal y a tres del Liverpool, líder de la Premier League. ¿Se ha esfumado el sueño del cuarto título consecutivo para el City?

Las críticas arrecian sobre todo contra su delantero estrella. Por segundo partido importante consecutivo, Haaland no ha logrado ver puerta. Si no marca, ¿para qué sirve tenerlo en el campo?, se preguntan sus críticos. Sus estadísticas son más bien discretas:

MINUTOS JUGADOS	90
INTERVENCIONES	23
CHUTES	4
CHUTES A PUERTA	0
OCASIONES DE GOL FALLADAS	1

«El nivel de su juego en general es muy pobre», declaró el comentarista de televisión Roy Keane tras el partido. «Parece un jugador de segunda división».

ERLING MANTUVO LA CALMA

¡Uf, eso tuvo que doler! Pero a Erling no le importaba lo que los demás opinaran de él.

Por supuesto que le molestó haber hecho un mal control de balón en el momento crucial contra el Arsenal, pero solo era un fallo y un partido. En vez de venirse abajo, ese fallo lo motivó para entrenarse más duro y hacerlo mejor en el siguiente encuentro.

Tras un partido de descanso, Erling volvió con fuerza y marcó siete goles en cuatro partidos de liga, contra el Crystal Palace, el Luton, el Nottingham Forest y el Wolves. Pero todos ellos eran equipos de la zona media de la tabla. ¿Podría Erling dar la talla en partidos más importantes, como el siguiente contra el Tottenham?

DECISIVO PARA EL TÍTULO

Se trataba de un partido clave para el City. Una victoria le devolvería a lo más alto de la tabla de la liga, pero otro empate podría poner en bandeja de plata el título al Arsenal…

Erling falló una ocasión clara en la primera parte, pero mantuvo la calma y se resarció al principio de la segunda. Bernardo Silva pasó el balón a De Bruyne, quien asistió al delantero estrella en el interior del área pequeña. Erling se coló entre dos defensas y abrió el marcador, demostrando que no le temblaba el pulso en los partidos importantes. 40 minutos después, volvió a marcar para asegurar una victoria crucial.

Cinco días después, Erling se convertía en bicampeón de la Premier League… y lograba su segunda Bota de Oro. El «jugador de segunda división» demostró que sus críticos se equivocaban. ■

¿QUIÉN GANA?

He aquí dos de los muchos episodios que demuestran la increíble fuerza mental de Mbappé y de Haaland. Estos chicos no se rinden nunca. Pero ¿qué influencia tienen en sus equipos? ¿Son figuras que inspiran a sus compañeros con su ejemplo? Analicemos sus dotes de **liderazgo**.

LIDERAZGO

Quizá el liderazgo no sea la primera cualidad que nos venga a la mente cuando pensamos en Mbappé y en Haaland. Pero no es de extrañar, pues aún son jóvenes que juegan al lado de estrellas con mucha más experiencia y en clubes de gran éxito. ¿Deberían ejercer este rol? La verdad es que no...

No obstante, la responsabilidad de ambos jugadores es cada vez mayor, sobre todo en sus selecciones. En marzo de 2023, Mbappé se convirtió en el capitán de la selección francesa, mientras que Haaland es actualmente el segundo capitán de Noruega. Ser un referente es esencial para convertirse en un GOAT. ¿Tienen Mbappé y Haaland las cualidades necesarias para convertirse en grandes líderes?

KYLIAN MBAPPÉ

Ambicioso, seguro de sí mismo, maduro...
Con semejante personalidad, Kylian siempre estuvo destinado a ser un líder. Aunque, cuando Mbappé fue nombrado el nuevo capitán de Francia, algunos aficionados no acabaron de entenderlo. Muchos pensaban que Antoine Griezmann era una mejor opción. Era mayor y más jugador de equipo.

QUÉ DICEN SUS CRÍTICOS

«¡Mbappé es muy individualista! Solo piensa en sus intereses, no en los del equipo».

¡ERROR!

Kylian ya había dado muestras de su gran capacidad de liderazgo. En el descanso de la final contra Argentina de la Copa Mundial 2022, Francia perdía 2-0 y parecía condenada a la derrota.

No era el capitán, pero Kylian habló como un líder: «Es el Mundial, chicos. Es el partido de nuestras vidas. Pase lo que pase, no podemos hacerlo peor de lo que lo hicimos [en la primera parte]. Vamos a volver al campo y, una vez allí, o permitimos que jueguen con nosotros como memos o ponemos un poco de intensidad en el juego... ¡La remontada es posible!».

Sus palabras ayudaron a inspirar la gran remontada que propició que Francia alcanzara la tanda de penaltis. Y, en esos dramáticos instantes finales, Kylian demostró otra cualidad clave de un capitán: predicar con el ejemplo.

> «Un gran equipo se apoya en sus líderes y ellos tienen que marcar la diferencia en los momentos clave».
>
> KYLIAN MBAPPÉ

No solo marcó los tres goles de Francia, sino que también chutó y marcó el primer lanzamiento de la tanda de penaltis. Además, Kylian fue uno de los primeros jugadores en consolar a los compañeros que fallaron sus penaltis. No es de extrañar que Deschamps, el seleccionador francés, lo viera como un capitán.

Como nuevo líder de Francia, la EURO 2024 estaba llamada a ser un gran torneo para Kylian, pero resultó una gran decepción. Tras fracturarse la nariz en el primer partido contra Austria, Kylian tuvo que jugar el resto de partidos con una máscara protectora. Sin duda, esa circunstancia lo alejó de su mejor nivel, y Francia cayó contra España en semifinales.

«Hemos fracasado», declaró. Pero, como atestigua su increíble trayectoria hasta la fecha, Kylian hará todo lo posible para conducir a Francia de nuevo a la gloria.

ERLING HAALAND

QUÉ DICEN SUS CRÍTICOS

«No hay duda de que es un delantero de clase mundial, pero Haaland no es un líder».

¡ERROR!

Es cierto que Erling no es el clásico líder que siempre está haciendo declaraciones. En el campo, es un hombre de sonrisas y caras divertidas, pero no de palabras. Prefiere predicar con el ejemplo: marcando goles y ayudando a su equipo a ganar.

> «Es un líder porque, ante todo, es un gran jugador de fútbol... Es un excelente jugador de equipo».
>
> STÄLE SOLBÅKKEN, SELECCIONADOR DE NORUEGA

Erling es un tipo alegre y divertido, por lo que se lleva bien con todo el mundo, y eso es una gran cualidad. Pero, en los momentos más importantes, ha demostrado que no tiene miedo a dar la cara y compartir su firme y tranquila confianza en sí mismo. «No os preocupéis. Vamos a conseguirlo», transmitió a sus compañeros del City en el descanso de la final de la Liga de Campeones de 2023 contra el Inter de Milán. «Vamos a ganar». Y así fue.

Antes, en el Borussia Dortmund, Erling había asumido un papel más importante en el vestuario, con más responsabilidad. «Me gusta asumir ese rol», dijo en 2021. «Siento que he acumulado mucha experiencia, a pesar de mi juventud. Intento cuidar de los que son más jóvenes que yo, y trato de ayudar a todos a mejorar».

¡Eso suena a líder! Cuando el Dortmund se clasificó para la final de la DFB-Pokal de 2021 contra el RB Leipzig, Erling aceleró el proceso de recuperación de su lesión para llegar a tiempo a la gran cita y anotó dos goles que ayudaron a su equipo a levantar el trofeo.

Como dijo Mbappé, los líderes «tienen que marcar la diferencia en los momentos clave». Pues bien, Erling lleva años haciéndolo, y, a medida que vaya acumulando más experiencia, su papel como líder será cada vez más destacado.

¿QUIÉN GANA?

Gracias a su confianza, facilidad de palabra y personalidad, Mbappé es un líder nato por excelencia, pero no hay que olvidar que Haaland es 18 meses más joven. Además, hay muchas maneras de ejercer de líder, y lo más importante es encontrar la que mejor funcione para tu equipo.

DECIDAMOS ENTONCES... ¿QUIÉN ES EL GOAT CON MÁS CARÁCTER?

En este primer apartado, hemos analizado cómo son nuestros GOAT como personas, jugadores y líderes. Es hora de tomar partido…

SETH SE DECANTA POR MBAPPÉ

Si Mbappé se propone algo, lo consigue. ¿Su sueño de fichar por el Real Madrid? Lo perseguía desde niño. ¿Ser portada de la revista *Time* (el cuarto futbolista que lo consigue en sus 95 años de historia)? Bueno, a los catorce años, en un ejercicio de clase, ya se había dibujado a sí mismo en la portada de la revista *Time*.

Sin embargo, Mbappé no se sienta a disfrutar de sus éxitos. Tiene el empuje y la determinación para seguir adelante, para soñar a lo grande. Así, mientras rivales como Haaland se relajan comiendo cerdo Percy o conduciendo un tractor, Mbappé sigue trabajando de forma incansable.

Mbappé es consciente de sus enormes cualidades, pero también del increíble jugador que podría ser en el futuro. Precisamente por ese motivo, sigue apuntando tan alto. Sí, tiene mucha confianza en sus posibilidades, pero eso no es malo cuando todos tus compañeros confían en ti.

Tiene una enorme trascendencia en el juego, pero su impacto se extiende más allá del campo de fútbol. El nuevo capitán de Francia es a menudo el que decide los partidos, pero también es una figura clave para lograr la unión de la plantilla fuera del campo e inspira a sus compañeros para pensar a lo grande. ¡Qué líder tan maduro!

Mbappé es una estrella, pero nunca olvidará sus orígenes. El chico de Bondy vuela bien alto, pero siempre tiene los pies en el suelo.

MATT SE DECANTA POR HAALAND

En un mundo de enormes egos, Erling es el humilde héroe del fútbol. Gana millones cada mes, pero sigue yendo a comprar al supermercado con su padre. Un tipo entrañable, sin duda.

A diferencia de Mbappé, no verá sus iniciales por todas partes, desde sudaderas hasta equipaciones deportivas. Es un tipo tranquilo y sosegado, no estridente y orgulloso. Bueno, con la excepción de esos pijamas de seda con estampado de leopardo, claro… ¡Aunque son preciosos y muy cómodos!

Erling parece haber encontrado el equilibrio perfecto en su vida como futbolista: serio y concentrado cuando juega, pero relajado y divertido cuando no lo hace. ¿Críticas, negatividad, presión? La, la, la, la, la… ¡Erling no presta la menor atención! Como dice su amigo y antiguo compañero de la selección juvenil de Noruega y miembro de la banda Flow Kingz, Erik Botheim: «es fuerte mentalmente y, sobre todo, se divierte; no le importa todo lo demás».

Esperemos que siga así, porque, a medida que se haga mayor, es probable que a Erling se le exija que dé un paso adelante y se convierta en todo un líder, tanto en su club como en su selección. ¿Estará cómodo con ese rol? Tal vez no, pero ¿lo asumirá y lo hará lo mejor que pueda? Sin duda alguna. Su enorme confianza y su carácter práctico así lo indican. Y, por supuesto, los goles que deciden partidos. Y, si Erling está en el campo, es garantía de muchísimos goles.

Así que, por todas esas razones y muchas más (¡ni siquiera he mencionado su preciosa y larga melena!), me decanto por Haaland como el futuro GOAT del fútbol.

Seth
La verdad, no sé por qué encuentras tan divertido a Haaland …

Matt
Bueno, comparado con Kylian, no hay color. «¡Soy el mejor de la historia! Voy a trabajar muy duro», bla, bla, bla. ¡Qué aburrimiento!

Seth
No necesito que mi GOAT sea el tipo más divertido del mundo. Solo quiero que sea el mejor.

Matt
Bueno, tu GOAT no solo no es divertido, sino que, además, es aburrido. Y apuesto a que no sabe conducir un tractor.

PUNTUACIONES

	MBAPPÉ	HAALAND
PERSONALIDAD	8/10	9/10
MENTALIDAD	9/10	8/10
LIDERAZGO	9/10	7/10
PUNTUACIÓN TOTAL	26/30	24/30

Este es nuestro veredicto, pero ¡la decisión final es tuya! ¿Quién crees que es el GOAT del carácter y por qué?

Mi GOAT del carácter es:

....

HABILIDADES

¿QUÉ SON LAS HABILIDADES?

Además de tener personalidades totalmente distintas, Mbappé y Haaland también muestran habilidades muy diferentes en el campo de fútbol. Uno mide 1,78 metros; el otro, 1,94 metros. Uno deja atrás a toda pastilla a los defensas, el otro impone su fortaleza. Uno burla a los defensas, el otro marca goles de todas las facturas.

Cuando oímos la palabra «habilidad», es posible que pensemos en las increíbles bicicletas de Mbappé o en las espectaculares chilenas de Haaland. Pero, en realidad, las habilidades futbolísticas son mucho más que esas jugadas que se hacen virales en internet. Vamos a dividir esta sección en tres apartados clave:

HABILIDAD FÍSICA
Hablaremos de velocidad, fuerza y potencia.

HABILIDAD TÉCNICA
Analizaremos sus regates, pases y disparos.

HABILIDAD TÁCTICA
Por último, veremos cómo utilizan su astucia táctica para influir en los partidos.

HABILIDAD FÍSICA

El fútbol cada vez es más eléctrico. Por tanto, los futbolistas necesitan alcanzar un excelente nivel físico.

Mbappé y Haaland saben que tienen que entrenar duro para ser lo más fuertes, rápidos y potentes posible. De lo contrario ¡no podrían hacer frente a sus rivales! Necesitan:

- Fuerza para aguantar los choques.
- Velocidad para dejar atrás a los adversarios.
- Potencia para acelerar, saltar y disparar.

KYLIAN MBAPPÉ

¿Qué necesita un delantero? ¿Ser veloz como un rayo? ¿Potencia y equilibrio? ¿Una agilidad asombrosa? ¡Kylian Mbappé tiene todas estas habilidades! Sí, el niño prodigio de Francia tiene unas cualidades físicas asombrosas que le ayudan a destrozar a los defensas.

«Físicamente, Mbappé es un monstruo. Cuanto más se alarga el partido, más peligroso es», declaró Arsène Wenger, antiguo entrenador del Arsenal.

¡Y tiene toda la razón! Es un portento físico nato. Su increíble físico quizá se explique porque su madre fue jugadora de balonmano, y su padre, futbolista. Kylian parte con ventaja desde su nacimiento.

¿Sabías que...? La familia Mbappé sigue haciendo gala de sus genes deportivos. El hermano pequeño de Kylian, Ethan, ¡también es futbolista profesional!

Pero el inmenso talento de Kylian no puede explicarse solo por la genética. Ha pasado muchísimas horas en el gimnasio, ha puesto en práctica métodos innovadores de recuperación y ha seguido una dieta estricta para alcanzar la mejor forma física posible.

ES VELOZ

La velocidad de Mbappé lo convierte en la peor pesadilla de un defensa. En la EURO 2024, alcanzó los 36,5 km/h, el más rápido de los 622 jugadores que participaron en el torneo y solo 6,72 km/h más lento que el GOAT de los 100 metros, Usain Bolt. Pero lo más impactante es que aún puede correr más rápido: ¡alcanzó los 38 km/h en un partido de la Ligue 1!

ES POTENTE

Gracias a su enorme potencia, Mbappé es capaz de desmarcarse de los defensas con una aceleración

asombrosa. Además, también es muy habilidoso para parar en seco. Utiliza esta habilidad para ralentizar el juego y luego acelerarlo. Regatea despacio para tentar al defensa, pero, en cuanto este se abalanza sobre él, Kylian pisa el acelerador y sale disparado.

ES ÁGIL

Mbappé esquiva a los defensas gracias a su agilidad. Principalmente, lo hace engañándolos y haciéndoles creer que se decantará por un lado, para rápidamente salir por la dirección opuesta y alejarse a toda velocidad. En un partido de la Copa Mundial 2018 contra Argentina, aceleró hasta encarar al último defensa, se detuvo en seco, le hizo creer que iba a optar por una dirección y, luego, salió a toda pastilla por la contraria. Impotente, el defensa cometió falta sobre Mbappé y Francia marcó el consiguiente penalti.

Velocidad, aceleración y agilidad. ¡Un gol que resumió las increíbles habilidades físicas de Mbappé!

ERLING HAALAND

Haaland se prepara a fondo para alcanzar la perfección física, lo que no es nada sencillo para alguien que mide 1,94 metros. Come unas 4000 calorías al día (un hombre adulto necesita una media de 2500), duerme mucho y dedica mucho tiempo a la recuperación para preparar sus intensos entrenamientos y partidos.

Como a Mbappé, la herencia genética le ha ayudado. Su padre, que fue futbolista profesional, y su madre, atleta, le han transmitido unos genes que le han proporcionado una ventaja física, virtud que no ha hecho más que aumentar con el duro trabajo de Haaland. Pero ¿cuáles son sus principales cualidades físicas?

ES FUERTE

Vikingo. Robot. Bestia... Sus apodos evidencian que sus seguidores dudan de que sea humano, sobre todo por su tamaño y su fuerza. Si los defensas intentan ir al choque contra Haaland, lo más normal es que salgan rebotados.

Además, la fuerza de Haaland también le permite luchar contra sus rivales para conservar la posesión para su equipo, mantenerlos a distancia mientras regatea y superarlos en el área.

ES RÁPIDO (PARA SER UN GIGANTE)

Con una velocidad punta de 36,3 km/h, Haaland no es tan rápido como Mbappé. Sin embargo, para alguien de su tamaño, es impresionante (por algo la mayoría de los velocistas olímpicos son más pequeños que Haaland). Su velocidad le convierte en el jugador más rápido del Manchester City y en el delantero centro más veloz del momento.

Mientras que la mayoría de los delanteros son fuertes o rápidos, Haaland aúna ambas cualidades. Los centrales rara vez lo superan en fuerza o velocidad.

Si a eso le añadimos su imponente altura, dispone de muchas maneras de hacer daño a los equipos rivales. Si te acercas mucho, frenará y se girará rápidamente, mientras que, si te alejas demasiado, ¡te superará a toda pastilla!

Gracias a sus enormes zancadas, vuela por el terreno de juego, y puede acelerar justo en los momentos adecuados. Su capacidad para acelerar, desacelerar, cambiar de dirección y esprintar a toda velocidad lo convierten en una pesadilla para sus marcadores. En una de sus características carreras con el Dortmund contra el PSG de Mbappé en la Liga de Campeones de 2020, Haaland recorrió 60 metros en 6,64 segundos, ¡solo tres décimas por debajo del récord mundial!

ES UN ATLETA

Además de grande y fuerte, Haaland también es ágil y hace gala de una gran coordinación. Sí, Haaland es un auténtico atleta, pero no siempre ha sido así. Tras un enorme estirón que le valió el apodo de «Niño Hombre», tardó un tiempo en acostumbrarse a su nuevo físico. En esta época, sus torpes movimientos fueron incluso comparados con los de una vaca: ¡Muuu!

Afortunadamente, gracias a una estricta rutina y a un riguroso entrenamiento, se transformó de una torpe vaca en un toro bravo. Ahora, se mueve como pez en el agua. Esto le permite marcar goles increíbles, como los que anotó con el Dortmund contra el Schalke, y con el Manchester City contra el Dortmund, en los que parecía quedarse suspendido en el aire antes de rematar por encima del portero.

Y, cuando la velocidad y la fuerza de Haaland se combinan para producir una potencia explosiva, puede ser letal. Aunque no marcó, para ejecutar su remate de chilena contra el Copenhague, se elevó por los aires hasta alcanzar la increíble altura de ¡2,17 metros!

¿QUIÉN GANA?

Dos candidatos al GOAT. Dos portentos físicos capaces de imponerse incluso a los defensas más imponentes. Mientras que Mbappé corre más rápido que Usain Bolt en un Lamborghini, la combinación única de velocidad, fuerza y corpulencia de Haaland le da una ligera ventaja física. Pero ¿eso lo convierte en el GOAT de las habilidades?

HABILIDAD TÉCNICA

No importa lo rápido, fuerte y ágil que seas si no puedes chutar con precisión. Por eso, ahora nos centraremos en lo bien que Mbappé y Haaland se manejan con el balón. Hablaremos de regates, pases y disparos…

KYLIAN MBAPPÉ

REGATE

Mbappé tiene un físico que asusta a los defensas, ¡y una técnica a la altura! Aunque muchos jugadores pueden correr rápido, ¡muy pocos son capaces de llevar controlado el balón al mismo tiempo! Sin embargo, Mbappé mantiene el balón pegado a sus pies mientras corre a una velocidad sobrehumana.

Si hay espacio a la espalda de un defensa, Mbappé se limita a impulsar el balón y acelerar. En espacios más reducidos, confía en su agilidad para engañar al rival. Si no puede superar a los defensas con un giro, Mbappé recurre a otras argucias para engañarlos. Su preferida es amagar con el disparo para, acto seguido, dar un giro y superar al defensa (mandó a Alaba al suelo con este movimiento en una eliminatoria de la Liga de Campeones 2017 contra el Bayern).

Como era de esperar, Mbappé no duda en intentar driblar a un defensa. A lo largo de su carrera, ha promediado 4,9 regates por partido, de los cuales algo más de la mitad han cuajado. Y, en la temporada 2020-21, ¡sus regates crearon una media de 1,1 disparos por partido para su equipo!

PASE

Hemos visto que Mbappé puede generar goles de la nada gracias a sus regates. Pero ¿cómo se le da asistir a sus compañeros?

QUÉ DICEN SUS CRÍTICOS

«Mbappé es muy bueno regateando, pero no sabe pasar».

¡ERROR!

Cuando eres un regateador letal, es fácil que tengas fama de individualista. Pero Mbappé a menudo regatea para, a continuación, generar ocasiones de gol para sus compañeros. Puede que no dé muchos pases en profundidad (promedia solo 0,1 balones en profundidad por partido), pero suele crear oportunidades dentro del área contraria.

Mbappé hace mucho más que regatear, como lo demuestran las más de 100 asistencias que acumula en su carrera. Sí, a menudo recurre al regate para llegar al área, pero, cuando entra en la zona de peligro, suele combinar con sus compañeros con pases cortos y rápidos, haciendo paredes o asistiendo para que un compañero defina de cara a portería.

Sus asistencias no son frecuentes, pero sí eficaces. En su última temporada en el PSG, solo dio 936 pases (el 55 % de los jugadores lo superaron), pero su cifra de 1,67 pases clave (pases que generan una ocasión de gol) por partido fue mejor que la del 87 % de sus compañeros.

DISPARO

Cuando Mbappé esprinta es como un rayo, pero cuando dispara a puerta es como un témpano. Demuestra una sangre fría pasmosa para ejecutar en el área. Es capaz de marcar todo tipo de goles: chutando con efecto con su pie derecho, con un preciso cabezazo o rematando suavemente con la zurda.

Este GOAT no para de sorprender con sus remates, como cuando recorta hacia dentro, amaga con disparar al segundo palo y, en lugar de eso, dispara sutilmente al primer palo. Engaña por completo al portero. Mbappé ha recurrido a esta jugada en partidos de la Liga de Campeones contra el RB Leipzig y el AC Milan.

ERLING HAALAND

REGATE

Haaland no es el tipo de jugador que se prodigue en el regate. Simplemente, prefiere dejar atrás a sus rivales con su velocidad o rematar. ¿Para qué gastar energía regateando cuando puede liquidar a las defensas contrarias con sus remates?

No es que Haaland tenga un mal regate, pero prefiere mantenerse el área y concentrarse en el gol. Cuando empezó a destacar con el Dortmund, intentaba dos regates por partido. Con el Manchester City, esa cifra se ha reducido a la mitad, con un 40 % de efectividad.

Pero eso no significa que no sepa regatear. No hay más que ver su gol con el Molde contra el Brann, en el que superó al defensa para marcar; o su carrera endiablada con el City contra un defensa del Wolves antes de marcar desde lejos…

PASE

Por tanto, el juego de Haaland no suele destacar por sus regates o por sus pases. De hecho, a lo largo de su carrera, solo promedia 13,5 pases por partido. Y hay muchos críticos que no tienen muy buena opinión sobre esos pases…

QUÉ DICEN SUS CRÍTICOS

> «Lo único que hace Haaland es marcar goles».
>
> ¡ERROR!

Haaland es conocido sobre todo por sus goles, pero su aportación al equipo va mucho más allá. Sabe utilizar su fuerza para pausar el juego y mantener la posesión para su equipo. A continuación, suele asistir a los centrocampistas ofensivos, como Phil Foden o Kevin De Bruyne. Estos pases cortos no parecen difíciles, pero requieren un control, una fuerza y una sincronización excepcionales.

En espacios reducidos, Haaland es excelente dando pases al primer toque a sus compañeros para generar ocasiones de gol. Aunque no da muchos pases, promedia un pase clave por partido, y ha dado 45 asistencias en su carrera (menos de una cada seis partidos). Y no todos son pases cortos, como demuestran sus dos pases de gol a Phil Foden en la victoria por 6-3 contra el Manchester United.

E incluso, cuando Haaland no participa en la jugada, suele atraer la atención de dos defensas. Gracias a ello, uno de sus compañeros queda libre.

DISPARO

¿Es Haaland un robot programado para marcar goles o un auténtico rematador de élite? En lo que va de carrera, promedia 0,89 goles por partido, y cada vez es más letal. En sus partidos en las grandes competiciones (Bundesliga, Premier League y Liga de Campeones), promedia la impresionante cifra de 1,03 goles por encuentro. Comparemos sus cifras con las de otras grandes estrellas:

	ERLING HAALAND	KYLIAN MBAPPÉ	LIONEL MESSI	CRISTIANO RONALDO
GOLES POR PARTIDO	0,82	0,72	0,9	0,93
DISPAROS POR GOL	3,4	3,5	4,8	6
MINUTOS POR GOL	88,7	106,9	94,8	92,8

De media, Haaland marca un gol por cada tres disparos que ejecuta. En esta estadística, supera a **todos los demás** candidatos al GOAT. ¿Cómo es que este jugador es tan increíble marcando goles? Una vez más, la respuesta es su velocidad. Haaland es el rematador más rápido del fútbol mundial, da el menor número de toques posible y dispara a puerta a la velocidad de un rayo.

Su ejecución se basa en un desplazamiento corto hacia atrás para sorprender con el disparo, de forma que los porteros no tengan tanto tiempo para colocarse. Haaland siempre intenta disparar al primer toque.

¿Sabías que...? En la primera temporada de Haaland en el Manchester City, en la que batió todos los récords, 46 (incluidos ocho penaltis) de los 52 goles que marcó fueron al primer toque.

Pie izquierdo. Pie derecho. De cabeza. De volea. Remate al primer toque. Penaltis. Trallazos. Haaland marca goles de todo tipo y bate cualquier récord imaginable.

¿QUIÉN GANA?

Haaland es el mejor rematador del mundo. Mbappé es uno de los mejores rematadores del mundo, pero también es uno de los mejores regateadores del mundo y un gran, aunque infravalorado asistente. Ambos son jugadores brillantes, pero Mbappé es el más completo en este apartado.

HABILIDAD TÁCTICA

La palabra «táctica» suele llevarnos a pensar en formaciones como el 4-4-2 o el 3-4-1-2. Pero este apartado no hace referencia a estos planteamientos tácticos. Lo que nos interesa es cómo Mbappé y Haaland deciden qué habilidades utilizar, cuándo utilizarlas y cómo inciden en el juego de sus compañeros. ¿Quién crees que tiene una visión de juego global más letal?

KYLIAN MBAPPÉ

Mbappé no solo corre más rápido que la mayoría de los futbolistas, ¡también piensa más rápido que ellos! En un partido, está siempre «escaneando» (observa y analiza todo lo que sucede alrededor). De media, los mejores jugadores del mundo miran cinco o seis veces cada 10 segundos para controlar lo que pasa a su alrededor.

En los primeros partidos de la Copa Mundial 2022, Mbappé escaneó seis veces en los 10 segundos antes de recibir cada pase. Esto lo sitúa por delante de los mejores creadores, como Kevin de Bruyne o Luka Modric. Según el experto en visión de juego, Geir Jordet, Mbappé es uno de los dos delanteros que más destacan en esta habilidad. ¿El otro? Erling Haaland.

Por lo tanto, la capacidad de Mbappé para tomar la decisión correcta una y otra vez no es simple magia. Se debe a su capacidad para controlar todo lo que sucede a su alrededor, que es aún más devastadora por su perfección para ejecutar sus movimientos:

- Mbappé calcula con maestría sus esprints, desplazándose a toda velocidad para buscar los pases filtrados sin caer en fuera de juego.
- Sabe darse la vuelta sorpresivamente para dejar atrás a los defensas.
- Combina pases y movimientos con sus compañeros para confundir y distraer a los rivales.
- Dentro del área, se convierte en un depredador que se anticipa a los errores de sus rivales para sacar partido.

«A Kylian le encanta hablar de táctica y entender el juego».
MAURICIO POCHETTINO, EXENTRENADOR DEL PSG

«Su velocidad para entender lo que pasa en el área es top».
ARSÈNE WENGER, EXENTRENADOR DEL ARSENAL

Su inteligencia para entender el juego ha permitido a Mbappé adaptase y encajar en todo tipo de equipos.

- En el AS Mónaco, despuntó como extremo, pero jugó muchos minutos en punta junto a Radamel Falcao.
- En el PSG, empezó jugando en la banda derecha, luego como nueve y finalmente como extremo izquierdo. Incluso jugó en las tres posiciones en el mismo partido.
- En la selección francesa, ha jugado en la banda, en punta y, a menudo, en como falso nueve con total libertad.
- Con el Real Madrid, suele empezar en el centro, pero se mueve por toda la línea de ataque.

La velocidad de Mbappé le hace brillante al contraataque. Ha adaptado su estilo para romper a equipos ultradefensivos. Moviéndose constantemente. Siempre pensando. Siempre buscando la siguiente oportunidad. No es de extrañar que la rapidez mental de Mbappé aporte tanto éxito a su equipo.

ERLING HAALAND

Cuando uno tiene la constitución de Erling Haaland y es capaz de marcar goles más rápido de lo que se tarda en pronunciar la palabra «robot», no parece necesario confiar en su cerebro, ¿verdad? Pues no.

Haaland no solo tiene unas habilidades físicas asombrosas y una capacidad de disparo brutal, sino que también es un atacante extremadamente inteligente. Desarrolló este poderío mental en su juventud, mucho antes de haber incrementado sus habilidades físicas. Antes de tener la ventaja de su portentoso físico, Haaland tuvo que aprender a moverse con inteligencia:

- Buscando la espalda de los defensas: si podía ver el número que llevaban en la espalda, ellos no podían verle a él… ¡ni seguir sus movimientos!
- Corriendo dos veces: atraía al defensa con un movimiento en una dirección y, luego, se escabullía por la otra.
- Anticipándose: a base de experiencia e intuición para prever lo que iba a suceder.

Pronto, se convirtió en un maestro en el área. A medida que desarrollaba sus habilidades físicas y técnicas, ¡se volvió casi imposible de detener!

Su velocidad, sus rápidos remates y su habilidad para buscar la espalda de las defensas lo acabaron convirtiendo en el delantero ideal para el fútbol de contraataque. Equipos como el FC Salzburgo, el Molde o el Brann sacaron partido de su talento. Sin embargo, la fuerza de Haaland, sus remates y sus movimientos en el área también lo han convertido en el delantero ideal para equipos a los que les gusta dominar la posesión, como el Dortmund y el Manchester City.

Fue en Dortmund donde Haaland aprendió a recibir el balón de espaldas a la portería. Esta habilidad enriqueció aún más su juego, ya que ayudó a que sus compañeros también sacaran partido. Haaland se convirtió en un quebradero de cabeza para los centrales.

> «Es explosivo en transición [...], pero puede adaptarse a cualquier estilo de juego».
>
> JESSE MARSCH, EXENTRENADOR DEL FC SALZBURGO

E incluso cuando Haaland no participa directamente en el juego, aporta mucho a su equipo.

> «Nos ayuda a crear más espacios para que otros marquen goles».
>
> PEP GUARDIOLA, ENTRENADOR DEL MANCHESTER CITY

En definitiva, Haaland es un jugador imposible de controlar, y Mbappé es un genio desmarcándose y adaptándose a todo tipo de partidos. Analicemos con más detalle cómo nuestras dos estrellas desarrollaron sus habilidades tácticas…

KYLIAN MBAPPÉ: DEL CHICO DE ORO A UN JUGADOR CAPITAL

Cuando te fichan por 140 millones de euros, lo lógico es pensar que vas a ser la principal estrella de tu nuevo equipo. Pero, en el verano de 2017, el PSG tenía los ojos puestos en una estrella todavía más deslumbrante que Mbappé: Neymar Jr.

«Tengo que ganarme mi puesto. Jerárquicamente, estoy por detrás de Neymar y de Cavani», declaró Mbappé tras el fichaje del delantero brasileño por el PSG. «Individualmente, mi objetivo es marcar muchos goles y ayudar a Neymar».

Mbappé fue fiel a sus palabras. Comenzó la temporada con un rendimiento excelente, logrando 11 goles en sus primeros 20 partidos. «Este es un proyecto que me ayudará a formarme y a progresar como jugador mientras gano títulos», comento Mbappé al fichar por el PSG. Y, en cada partido, parecía aprender más de sus nuevos compañeros.

«Cada vez me entiendo mejor con ellos», señaló Mbappé. «Con Neymar, he aprendido un nuevo tipo de fútbol… Le gusta apoyarse en otros atacantes, jugar a un toque, a dos toques, también te pide que varíes tus movimientos».

Muy pronto, la delantera del PSG, compuesta por Mbappé, Cavani y Neymar, era una máquina de hacer goles. Establecieron un nuevo récord en la Liga de Campeones con 25 tantos en la fase de grupos. Al final de la temporada, habían alcanzado la impresionante cifra de 171 goles en todas las competiciones.

Mbappé seguía siendo en gran medida un actor secundario, pero cada vez cobraba más relevancia. Fue elegido mejor jugador joven de la Ligue 1 y ganó el premio

Golden Boy de la UEFA. Ese mismo año, se convirtió en el jugador más joven en entrar en la lista de los diez mejores del Balón de Oro, al quedar séptimo. Cavani fue undécimo y Neymar tercero.

APRENDER DEL MEJOR

Mbappé siguió aprendiendo de Neymar y, en 2021, el PSG fichó a una nueva superestrella: Lionel Messi. «Verlo todos los días, ver lo que puede hacer, mejora mi juego, porque es un jugador único», dijo Mbappé de Messi.

Jugando junto a Messi y a Neymar, las cosas no siempre fueron coser y cantar para Mbappé. A veces, los tres ocupaban el mismo espacio y hacían los mismos movimientos, pero con el tiempo aprendieron a trabajar juntos.

«Cuando formas el ataque con jugadores de este calibre, has de compartir el pastel para que todos puedan tener su parte», dijo Mbappé. Aprendió a moverse en la punta de ataque para llegar a los balones en profundidad. Desde esta posición, también mejoró su creatividad.

En su primera temporada con Messi y Neymar, ¡dobló con creces su récord personal de asistencias!

«En el último año y medio, Mbappé ha comprendido que tiene que ser eficaz y que debe dejar de intentar agradar al público», declaró la leyenda francesa Thierry Henry. «Este chico es inteligente. No se conforma con lo que tiene. Trabaja».

Aunque el temible tridente de atacantes no llevó al PSG a la victoria en la Liga de Campeones que tanto deseaba, sus increíbles compañeros de equipo ayudaron a Mbappé a convertirse en una auténtica superestrella. Llegó al PSG como un actor secundario y se marchó al Real Madrid como protagonista. ■

ERLING HAALAND: DE UNA «LIGA DE GRANJEROS» A LA PREMIER LEAGUE

Cuando Erling Haaland llegó al Manchester City, no había duda de que aportaría goles, pero algunos se preguntaban cómo encajaría el atacante noruego en el equipo.

Durante las dos temporadas anteriores, el City había jugado con un falso nueve, en lugar de con un delantero centro como Haaland. Y el sistema les había funcionado, ganando la Premier League en ambas temporadas. ¿Alteraría la llegada de un gran ariete como Haaland la increíble progresión del City de Pep Guardiola?

LA ADAPTACIÓN

Al principio, todo indicaba que iba a ser así. En el primer partido oficial de Haaland con su nuevo equipo, el City perdió la Community Shield frente al Liverpool por 3-1. Y lo que fue peor para Haaland, ¡falló dos ocasiones claras!

«Haaland jugó un partido diferente al de sus compañeros.

Una y otra vez, buscaba la espalda de los centrales del Liverpool mientras sus compañeros jugaban hacia los costados», informó *The Guardian*.

«¿Qué se podía esperar? Viene de una liga de granjeros», clamaron las redes sociales. ¿Cómo respondió Haaland? Simplemente sonrió.

Tras las dos primeras semanas de entrenamiento, Haaland afrontó el primer partido de la temporada del City en la Premier League. Respondió a las críticas como un auténtico GOAT, marcando los dos goles de la victoria por 2-0 ante el West Ham. Y logró los tantos al estilo Haaland, imponiéndose a la defensa.

«Hace una semana decíais que era un fracasado y que no se adaptaría a la Premier League», sonrió Pep Guardiola en la entrevista tras el partido. «Es una amenaza increíble. Necesitamos tiempo para conocernos, aún podemos darle más».

Sí, Haaland había empezado a adaptarse al juego de su nuevo equipo. Se centró en sus movimientos para crear espacios en el área, en su juego de contención y en sus remates de cabeza. Pero sus compañeros también se adaptaron al juego de Haaland. En lugar de pases laterales, buscaban balones más arriesgados, y, en lugar de sacar el balón jugando siempre desde atrás, el guardameta Ederson optaba por el desplazamiento en largo para buscar a Haaland. En vez de un pase en corto, optaron por más pases cruzados. De repente, el principal creador del equipo, Kevin De Bruyne, hizo una media de 5,79 centros por partido, casi el doble que la temporada anterior.

¡UNA MÁQUINA DE HACER GOLES!

Aunque Haaland solo logró una asistencia en su siguiente partido, marcó contra el Newcastle. ¡Y ya no paró de anotar goles!

¡BUM! Tres goles contra el Crystal Palace. ¡BUM! Tres goles más contra el Nottingham Forest. ¡BUM! Un nuevo tanto contra el Aston Villa y los Wolves, más un *hat-trick* y dos asistencias en el derbi de Manchester.

Con 21 goles en sus primeros 15 partidos, Haaland había logrado que la Premier League pareciera una liga de granjeros gracias a su increíble adaptación. Y eso solo era el principio… ■

¿QUIÉN GANA?

Dos cerebros futbolísticos increíbles, rápidos de reflejos y siempre deseosos de aprender cosas nuevas. Dos escáneres asombrosos, que analizan todo lo que les rodea para anticiparse a lo que va a suceder a continuación. Dos máquinas de decidir, que son letales en el área.

Pero solo puede ganar uno…

Pese a que la mente y los pies de Mbappé son increíblemente veloces, casi se ve superado por Haaland. Aunque ha aprendido mucho de las leyendas del fútbol, no siempre ha estado a la altura en los momentos trascendentales. ¿Debería haber ganado la Liga de Campeones una delantera formada por Mbappé, Neymar y Messi? Tú decides…

Por su parte, Haaland ha triunfado en todos los equipos en los que ha jugado. Es letal en el contraataque y un depredador en el área. Su rápida adaptación al Manchester City decanta la balanza a su favor en la batalla sobre las habilidades tácticas.

DECIDAMOS ENTONCES... ¿QUIÉN ES EL GOAT DE LAS HABILIDADES?

En esta sección, hemos analizado las habilidades físicas, técnicas y tácticas de Haaland y de Mbappé. Ahora, es el momento de votar.

SETH SE DECANTA POR MBAPPÉ

Construyamos el delantero ideal. Para dotarlo de una genética inmejorable, sus padres habrán sido ambos deportistas de élite. Será rápido, potente y ágil, y le dotaremos de equilibrio. Destacará por su regate y su fantástica definición. Y el toque de gracia final: un increíble cerebro futbolístico. En otras palabras, construiremos a Mbappé.

Con respecto a las habilidades, Mbappé es el delantero más completo. Es capaz de destacar en todo, pero su mejor arma es la velocidad, de la que hace gala para desbordar a los defensas más rápidos.

Pero quizá la mejor cualidad de Mbappé es lo mucho que mejora temporada a temporada. Siempre quiere más. No deja de probar cosas nuevas para sorprender a los defensas.

Como resultado, cada vez es más creativo, con jugadas como su remate al palo corto. ¿Qué será lo próximo?

- ¿Pases filtrados precisos?
- ¿Tiros libres desde 30 metros?
- ¿Marcar de saque inicial?

Nada es imposible para el joven prodigio francés. Sí, Haaland puede que sea un robot, pero es un robot con una sola configuración. Kylian Mbappé puede con todo.

MATT SE DECANTA POR HAALAND

Vale, Mbappé es un delantero rápido y habilidoso que marca muchos goles, pero ¿cuántos futbolistas hemos visto así a lo largo de los años? Cientos. En cambio, Haaland es realmente único, en el mejor sentido de la palabra.

- ¿Su tamaño? Absolutamente descomunal.
- ¿Su fuerza? Impresionante.
- ¿Su velocidad? Increíble.
- ¿Su puntería? Asombrosa.

Llámale robot, Seth, pero eso no impedirá que deje de marcar goles. En cuanto a disparos por gol y minutos por gol, sus estadísticas ya son incluso mejores que las de Messi y Ronaldo.

Erling es un delantero total, y a eso hay que sumar lo inteligente que se ha vuelto desde su llegada al Manchester City, donde ha aprendido a moverse de forma letal y a ser paciente cuando es necesario.

Cuando el zombi despierta, más vale que los defensas tengan cuidado, porque todos sabemos cómo acaba la historia: **¡Bang! ¡Gol!**

Quizá no veamos a Haaland haciendo muchos regates o muchas florituras, pero ¿por qué iba a hacerlo? Ese no es su trabajo. Su trabajo es marcar tantos goles como sea posible, y en esa tarea es el GOAT indiscutible del fútbol. Fin de la discusión.

PUNTUACIONES

	MBAPPÉ	HAALAND
HABILIDAD FÍSICA	9/10	10/10
HABILIDAD TÉCNICA	9/10	8/10
HABILIDAD TÁCTICA	8/10	9/10
PUNTUACIÓN TOTAL	26/30	27/30

Así se desprende de nuestra valoración, pero ¡la decisión final es tuya! ¿Quién crees que es el GOAT más habilidoso?

Mi GOAT de las habilidades es:

....

MEDIA PARTE

CUESTIONARIO

¡Piii! Estamos **agotados**. Aunque nuestros futuros GOAT son todavía muy jóvenes, ambos ya han logrado numerosos éxitos. Pero aún nos queda mucho por ver. Así que, mientras nos tomamos 15 minutos para descansar, hidratarnos y reponer fuerzas, te dejamos con un cuestionario para poner a prueba tus conocimientos durante el descanso....

PREGUNTAS GENERALES

1. ¿Qué récord mundial logró Haaland?
2. Con dieciséis años y once meses, Mbappé se convirtió en la persona más joven en jugar en el AS Mónaco. ¿A qué leyenda francesa le arrebató este récord?
3. ¿Contra quién marcó Haaland su primer *hat-trick* en la Liga de Campeones?
4. ¿Cuántas ligas ganó Kylian con el PSG?
5. En el Molde, Haaland fue entrenado por una leyenda del Manchester United. ¿De quién se trata?
6. En la final de la Copa Mundial 2022, Mbappé ayudó a Francia a protagonizar una notable remontada. ¿Cuál era el marcador al descanso?
7. ¿Por qué fue noticia Haaland en 2019 en todo el mundo tras su actuación ante Honduras?

8. Kylian Mbappé ganó un trofeo en su primer partido oficial con el Real Madrid. ¿Cuál?

MBAPPÉ, HAALAND... ¿O AMBOS?

1. Soy el futbolista adolescente más caro del mundo.

☐ Mbappé ☐ Haaland ☐ Ambos

2. He jugado en el mismo equipo que Jude Bellingham, Achraf Hakimi y Bernardo Silva.

☐ Mbappé ☐ Haaland ☐ Ambos

3. Aunque tengo una increíble colección de coches de lujo, ¡en realidad no sé conducir!

☐ Mbappé ☐ Haaland ☐ Ambos

4. Mi madre fue heptatleta internacional júnior.

☐ Mbappé ☐ Haaland ☐ Ambos

5. La velocidad más rápida que he alcanzado corriendo son 38 km/h.

☐ Mbappé ☐ Haaland ☐ Ambos

6. Tengo una media de 0,89 goles por partido.

☐ Mbappé ☐ Haaland ☐ Ambos

PREGUNTAS GENERALES
1. Salto de longitud para niños de cinco años; 2. Thierry Henry; 3. Contra el Genk; 4. Seis; 5. Ole Gunnar Solksjear; 6. Argentina 2-0 Francia; 7. Porque metió nueve goles; 8. La Supercopa de la UEFA.
MBAPPÉ, HAALAND... ¿O AMBOS?
1. Mbappé; 2. Ambos; 3. Mbappé; 4. Haaland; 5. Mbappé; 6. Haaland

LOS ÍDOLOS DE NUESTROS GOAT

Inspiran a millones de personas de todo el mundo con sus increíbles habilidades y sus fenomenales jugadas. Pero nuestros dos GOAT también tienen sus propios ídolos…

«He tenido muchos ídolos. Mi primer ídolo fue Zinédine Zidane, por todo lo que consiguió con la selección. Luego, fue Cristiano, al que admiraba profundamente. Ha ganado mucho y sigue haciéndolo después de tantos éxitos. Durante este período de tiempo, también apareció la figura de Messi. Tuve la suerte de jugar con Neymar, a quien admiraba mucho cuando era más joven. Cuando tienes la oportunidad de jugar en la élite, necesitas inspirarte en los mejores».

KYLIAN MBAPPÉ

«De cada delantero se puede sacar algo especial: la volea de Van Persie, la mentalidad de Zlatan, Agüero... No puedo elegir solo a uno, porque todos los delanteros tienen algo especial. Por ejemplo, Jamie Vardy y sus carreras al espacio; a nadie se le ha dado tan bien. Es difícil... pero si tuviera que elegir a un ídolo me quedaría con Zlatan Ibrahimović».

ERLING HAALAND

Nota del autor: Haaland dijo más tarde que Lionel Messi es el mejor jugador de la historia.

LOS MEJORES GOLES DE MBAPPÉ

EL REY DE LA COPA

LYON 1 | 5 PSG

4 DE MARZO DE 2020 • COPA DE FRANCIA

Mbappé intercepta el balón en su propio campo y se lanza al ataque. Da un paso adelante para engañar a un defensa y, luego, continúa a toda velocidad. La defensa del Lyon retrocede, pero ¡no pueden seguir haciéndolo eternamente! Desde el borde del área, Kylian toca el balón y amaga con disparar. El defensa pica el anzuelo y Kylian cambia de ritmo, se va por fuera y, con un potente disparo, anota gol. Una impresionante carrera en solitario de 70 metros que acabó con un remate letal.

UNA JUGADA FULGURANTE

PSG 1 | 0 REAL MADRID

22 DE FEBRERO DE 2022 • LIGA DE CAMPEONES

En el minuto 94 de este choque de octavos de final de la Liga de Campeones, Mbappé protagonizó un momento mágico para adelantar al PSG en el marcador. Tras recibir el balón en la banda izquierda, avanzó lentamente hacia la portería, tentando a los defensas Lucas Vázquez y Éder Militão. Cuando trataron de arrebatarle el balón, Mbappé aprovechó su potencia para dejarlos atrás y batir a Thibaut Courtois.

UN GOLAZO EN LA COPA MUNDIAL

ARGENTINA 3 | 3 FRANCIA (4 | 2 EN LOS PENALTIS)

18 DE DICIEMBRE DE 2022 • FINAL DE LA COPA MUNDIAL

Está a punto de acabarse el partido y Francia pierde 2-1. Mbappé recibe un balón elevado y, de un cabezazo, se lo envía a su compañero Marcus Thuram. Al instante, sale como un rayo hacia el área. Thuram le devuelve la pelota a Mbappé con un toque elevado para superar al defensa. Mbappé ve volar la pelota, adopta la postura adecuada y engancha una volea sensacional que bate por bajo al portero argentino. Los aficionados franceses estallan. Acaban de disfrutar de uno de los mejores goles de la final de la Copa Mundial…

LOS MEJORES GOLES DE HAALAND

REGATE, PASE Y GOL

RB LEIPZIG 1 | 3 BORUSSIA DORTMUND

7 DE ENERO DE 2021 • BUNDESLIGA

Haaland recibe la pelota y deja atrás a un primer defensa tras chocar con fuerza. A 40 metros de la portería, regatea a un nuevo rival con una finta, recorta hacia la izquierda para superar a otro adversario que le sale al corte, y, luego, da un pase a la banda para dejar atrás a un cuarto defensa. Se adentra en el área y espera… Cuando Jadon Sancho envía el esférico con efecto al segundo palo, Haaland salta y cabecea el balón a la red.

EL ROBOT VOLADOR

MANCHESTER CITY 2 | 1 BORUSSIA DORTMUND

14 DE SEPTIEMBRE DE 2022 • LIGA DE CAMPEONES

¿Has visto alguna vez a un robot volando? En un partido contra su antiguo club, Haaland saltó con los pies por delante buscando una pelota centrada por João Cancelo. Inexplicablemente, ¡logró rematar el balón y anotar un auténtico golazo! «Para ser sincero, es uno de los mejores goles de mi vida», declaró Haaland más tarde.

UNA CHILENA IMPOSIBLE

SOUTHAMPTON 1 | 4 MANCHESTER CITY

8 DE ABRIL DE 2023 • FA CUP

Jack Grealish avanza y realiza un centro un tanto pasado, pero, para Haaland, no hay remate imposible. El noruego se posiciona de costado, salta y empalma el balón en su punto más alto ejecutando una increíble chilena que se cuela directamente en la red.

NUESTROS GOAT CARA A CARA

Por primera vez…

¿UNA NUEVA RIVALIDAD?

PSG 2 | 0 BORUSSIA DORTMUND

2019-20 LIGA DE CAMPEONES

Las dos jóvenes estrellas se enfrentan en esta eliminatoria de octavos de final. Haaland había destacado de forma especial en el partido de ida con dos goles para el Dortmund. Mención especial para el segundo tanto. El noruego hace un control magnífico a pase de Gio Reyna. No se lo piensa dos veces y, a una distancia de 25 metros de la portería, suelta un trallazo con su pie izquierdo. El balón entra como una exhalación en la portería.

Mbappé mostró destellos de brillantez, sobre todo en la asistencia del gol a Neymar. Pero fue la noche de Haaland y el Dortmund se impuso 2-1. Mientras hace su celebración del yogui, los jugadores del PSG lo observan enojados.

Dos semanas después, en el partido de vuelta, el PSG le dio la vuelta a la eliminatoria al vencer por 2-0. Mbappé lideró las celebraciones en el vestuario, ¡y todo el equipo del PSG imitó la celebración de Haaland! Fue el comienzo de una nueva rivalidad…

Esperamos que hayas disfrutado de esta primera parte protagonizada por nuestros dos aspirantes a GOAT. Recordemos que Kylian se impuso en la categoría de Carácter, pero Erling lo hizo en la de Habilidades, por lo que todo está por decidir en la segunda parte. El encuentro está abierto. ¿No es por eso por lo que nos gusta tanto el fútbol?

Es hora de regresar al terreno de juego…

Seth se levanta de un salto y grita: «¡Vamos!». Matt se ata los cordones y se besa el escudo. Todo está listo para la segunda parte. Empecemos comparando las estadísticas de nuestros GOAT.

ESTADÍSTICAS

¿QUÉ SON LAS ESTADÍSTICAS FUTBOLÍSTICAS?

En nuestra opinión, las habilidades de las superestrellas son un poco como las vacaciones de verano en el colegio: es genial tenerlas, pero lo que realmente importa es lo que haces con ellas. Lo que convierte a Mbappé y a Haaland en tan especiales es que, a pesar de su juventud, ya están traduciendo todo ese talento en éxitos deportivos.

Así que vamos a analizar este éxito mediante las estadísticas a partir de tres grandes apartados:

RENDIMIENTO
Analizaremos las disparatadas cifras de goles y asistencias que los convierten en los mejores.

LOGROS INDIVIDUALES
Sumaremos sus logros: desde los trofeos al mejor jugador del partido hasta los Balones de Oro.

ESTADÍSTICAS CON SUS EQUIPOS
Analizaremos los trofeos y los campeonatos ganados tanto con sus clubes como con sus selecciones.

Recuerda que las estadísticas no engañan…

RENDIMIENTO

MBAPPÉ

	PARTIDOS	GOLES	ASISTENCIAS
CON SU CLUB	394	297	126
INTERNACIONALES	86	48	35
TOTAL	480	345	161

HAALAND

	PARTIDOS	GOLES	ASISTENCIAS
CON SU CLUB	307	244	51
INTERNACIONALES	39	38	4
TOTAL	346	282	55

Empecemos con las conclusiones más evidentes:

- ¡El GOAT con más goles es MBAPPÉ!
- ¡El GOAT con más asistencias es MBAPPÉ!
- ¡El GOAT con más goles y asistencias en conjunto es MBAPPÉ!

Está clarísimo. Caso cerrado: Kylian es el rey indiscutible del fútbol, ¿no? ¡No! Tenemos que profundizar en los números.

ERLING HAALAND

Aunque las estadísticas del rendimiento de Mbappé son absolutamente asombrosas, hay que tener en cuenta que ha jugado **muchos** más partidos que Haaland. 139 más, para ser exactos. Así que no es de extrañar que los números de Mbappé sean mejores

Para ser más justos, analizaremos las estadísticas en función de los goles por partido. Y eso lo cambia TODO, porque, entonces, Haaland se impone claramente. ¡Su promedio de aciertos es brutal!

CON SU CLUB

	MBAPPÉ	HAALAND
PARTIDOS JUGADOS	394	307
GOLES	297	244
GOLES POR PARTIDO	0,75	0,79

INTERNACIONALES

	MBAPPÉ	HAALAND
PARTIDOS JUGADOS	86	39
GOLES	48	38
GOLES POR PARTIDO	0,56	0,97

Que tiemble Ronaldo: tenemos un nuevo Mr. Liga de Campeones...

LIGA DE CAMPEONES

	MBAPPÉ	HAALAND
PARTIDOS JUGADOS	79	45
GOLES	50	46
GOLES POR PARTIDO	0,63	1,02

Sí, has leído bien la última estadística: Haaland promedia más de un gol por partido en la máxima competición de clubes de Europa. No hay duda, ¡es una máquina de goles letal!

KYLIAN MBAPPÉ

Pero, mientras que Haaland es un delantero que se centra en marcar, Mbappé es más bien un atacante polivalente, que también da muchas asistencias de gol a sus compañeros. Y, cuando empiezas a sumar esas asistencias, el panorama cambia de nuevo…

CON SU CLUB

	MBAPPÉ	HAALAND
PARTIDOS JUGADOS	394	307
CONTRIBUCIONES DE GOL (GOLES + ASISTENCIAS)	423	295
CONTRIBUCIONES DE GOL POR PARTIDO	1,07	0,96

INTERNACIONALES

	MBAPPÉ	HAALAND
PARTIDOS JUGADOS	86	39
CONTRIBUCIONES DE GOL (GOLES + ASISTENCIAS)	83	42
CONTRIBUCIONES DE GOL POR PARTIDO	0,97	1,08

Aunque los números de Mbappé con su selección son más discretos que los de Haaland, hay que tener en cuenta que el futbolista galo ha disputado encuentros mucho más importantes que el noruego. Mbappé ha brillado en cuatro grandes torneos y ha marcado cuatro goles en dos finales de la Copa Mundial. ¡Esos goles deberían contar el doble como poco!

Sin duda, en cuanto a sus estadísticas de rendimiento en los partidos más importantes, solo hay un ganador en esta batalla por el mejor de todos los tiempos:

	MBAPPÉ	HAALAND
FINALES DISPUTADAS	16	10
GOLES	9	3
ASISTENCIAS	4	1
CONTRIBUCIONES DE GOL POR FINAL	0,81	0,40

Aunque Mbappé no siempre ha sido un jugador que destacara especialmente en los partidos importantes, sobre todo con sus clubes…

MBAPPÉ:
UNA PROGRESIÓN METEÓRICA COMO GOLEADOR DEL PSG

23 de agosto de 2020. Tras el pitido final en el Estádio da Luz en Lisboa, Kylian miró al césped y contuvo las lágrimas. El PSG acababa de perder ante el Bayern de Múnich la final de la Liga de Campeones, y Kylian, su delantero estrella, se lamentaba por la oportunidad perdida…

Al principio del partido, controló un balón y disparó a puerta, pero su débil chute desde 12 metros no puso en apuros al portero. Más tarde, le cedió el balón a Neymar, pero Neuer atajó el disparo del delantero brasileño.

¿HABÍA FALLADO KYLIAN?

Kylian sintió que había fallado en el momento más importante, y no era la primera vez que le ocurría. Hasta la fecha, en sus tres temporadas en el PSG, solo había marcado un gol en nueve eliminatorias de la Liga de Campeones y otro tanto en nueve finales. ¿180 millones de euros para eso? ¡Menudo desperdicio de dinero!

«Las dos estrellas del PSG fallan en los momentos clave», titulaba BBC Sport.

LA HORA DE DAR UN PASO AL FRENTE

Kylian estaba decidido a dar un paso al frente para convertirse en un jugador determinante en los grandes partidos, y eso fue exactamente lo que hizo durante la temporada 2020-21. Con la baja de Edinson Cavani y Neymar Jr. lesionado con frecuencia, Kylian se convirtió en el jugador más importante del equipo.

En temporadas anteriores, había dado casi tantas asistencias de gol como tantos había marcado:

TEMPORADA	GOLES	ASISTENCIAS
2017-18	21	16
2018-19	39	17
2019-20	30	18

¡Había llegado el momento de que Kylian se centrara sobre todo en anotar goles!

En la Ligue 1, lideró la tabla de goleadores con 27 tantos, y, en las eliminatorias de la Liga de Campeones, ¡sus números fueron todavía más estratosféricos! En octavos de final, marcó un *hat-trick* increíble nada más y nada menos que en el estadio del FC Barcelona. Y, en cuartos de final, marcó dos goles más para vencer al Bayern de Múnich.

Desafortunadamente, el PSG cayó contra el Manchester City en semifinales, pero en mayo de 2021 alcanzó una nueva final de la Copa de Francia. ¿Podría Kylian crear más magia en la gran final contra el AS Mónaco? Sí: en la primera parte, dio una asistencia de gol a Mauro Icardi, y, en la segunda, él mismo se encargó de batir al portero rival.

¡Qué gran progresión con respecto al año pasado! Kylian terminó la temporada 2020-21 con los números de un delantero estrella:

TEMPORADA	GOLES	ASISTENCIAS
2020-21	42	11

A partir de ahí, ya nada lo detuvo. Dos años y muchos goles espectaculares después, Kylian se convirtió en el máximo goleador histórico del PSG. ■

¿QUIÉN GANA?

En cuanto a las estadísticas, Mbappé lleva dos años de ventaja a su rival. No obstante, Haaland está recortando rápidamente la diferencia de goles, pero aún está lejos en asistencias. Es esa combinación decisiva de marcar y asistir, que, además, logra en los partidos más importantes, la que le da ventaja a Mbappé… ¡por ahora!

LOGROS INDIVIDUALES

¿Quién se lleva la palma en la batalla por los logros individuales? He aquí un cara a cara para ver cuántos premios han ganado nuestros GOAT:

	PREMIOS	MBAPPÉ	HAALAND
INDIVIDUALES	Premio Golden Boy (mejor joven del año que juega en Europa).	1	1
	Trofeo Kopa (¡Balón de Oro júnior!)	1	0
	Jugador del Año de la UEFA	0	1
	Mejor Jugador del Mundo de la IFFHS	0	1
	Mejor Goleador del Mundo de la IFFHS	1	0
	Trofeo Gerd Müller (al mejor delantero del año)	1	1
CON SU CLUB	Mejor Jugador del Año de la Liga	5	3
	Mejor Jugador Joven de la Liga	3	2
	Máximo Goleador de la Champions League	1	2
	Máximo Goleador de la Liga	6	2
	Bota de Oro Europea (al máximo goleador de las mejores ligas europeas)	0	1
INTERNACIONALES	Premio al Mejor Jugador Joven de la Copa Mundial	1	0
	Bota de Oro de la Copa Mundial (al máximo goleador)	1	0
	Otros premios internacionales como máximo goleador	1	1
	Mejor Jugador Nacional del Año	3	4
	TOTAL	25	19

Empecemos con las conclusiones más evidentes:

- **HAALAND** ha ganado el premio al Jugador del Año de la UEFA.
- Pero **MBAPPÉ** ha ganado la Bota de Oro de la Copa Mundial.

KYLIAN MBAPPÉ

QUÉ DICEN SUS CRÍTICOS

«¡Mbappé ha ganado tantos premios porque la liga francesa es muy floja!»

¡ERROR!

Puede que la Ligue 1 no tenga tanto nivel y sea tan emocionante como la Premier League inglesa, pero, aun así, está llena de excelentes jugadores. En el PSG, Mbappé jugó junto a atacantes increíbles, como Neymar Jr. y Messi, y contra defensas de élite, como William Saliba y Lenny Yoro. Y, aun así, ¡logró brillar una temporada tras otra!

Además, el éxito de Mbappé trasciende las fronteras de su país: ha ganado casi todos los premios futbolísticos posibles. ¿Qué galardón le falta por lograr? El más preciado: el Balón de Oro… aunque, sin duda, es solo cuestión de tiempo.

ERLING HAALAND

Aunque no haya ganado tantos premios como Mbappé (¡todavía!), Haaland **habría** ganado el Balón de Oro 2023 de no ser por un tal Lionel Messi. Este confesó al respecto: «Erling también se lo merecía».

Haaland es todavía muy joven, y ,mientras tanto, sigue haciendo historia en el fútbol de otras maneras, ¡como batiendo todos los récords de goles que existen! Entre los momentos históricos de Haaland en la Liga de Campeones, figura el de haberse convertido en el jugador más joven en alcanzar la cifra de:

- 20 goles: en 14 partidos, con veinte años y 231 días (¡superando el récord de Mbappé en más de un año!).
- 30 goles: en 25 partidos, con veintidós años y 236 días.
- 40 goles: en 35 partidos, con veintitrés años y 130 días.

Pero queremos poner el foco en una marca estratosférica que ha logrado en la Premier League:

- ¡La cifra más alta de goles en una sola temporada de todos los tiempos!

HAALAND, EL GOAT DE LA BOTA DE ORO

Después de marcar 15 goles en 21 partidos durante la primera mitad de su primera temporada en el Manchester City, ¿sería Haaland capaz de mantener este impresionante ritmo anotador? ¡Por supuesto!

A principios de enero de 2023, Haaland marcó de cabeza contra el Tottenham y, una semana después, anotó un nuevo *hat-trick* contra los Wolves, ¡el cuarto de la temporada!

«Sus números son increíbles, pero la realidad es que aún nos supera el Arsenal», comentó el entrenador Pep Guardiola tras el partido.

Y llegó el enfrentamiento de los dos rivales por el título: Manchester City, el mejor ataque de la liga, contra Arsenal, la mejor defensa. ¿Quién saldría vencedor? La respuesta fue… el ataque del City, por supuesto, y Erling marcó el tercer gol con uno de sus clásicos remates al primer toque.

El City estaba en racha y, mientras seguía ganando, su delantero estrella no paraba de anotar goles: uno contra el Bournemouth, otro contra el Crystal Palace y dos más contra el Southampton, ¡para alcanzar los 30 tantos en la temporada!

TERRITORIO DE LEYENDAS

Erling llamaba a la puerta del territorio de las leyendas de la Premier League. Su marca igualaba la de Thierry Henry en 2003-04, se quedaba a un tanto de la de Cristiano Ronaldo en 2007-08, a dos de la de Mo Salah en 2017-18, y a solo cuatro del récord histórico, establecido por Andrew Cole y Alan Shearer a mediados de la década de 1990. Y lo más increíble es que aún le quedaban nueve partidos por disputar.

«A este paso, Haaland podría llegar incluso a los 40», empezaron a especular los aficionados al fútbol, y eso debió de pasar también por la cabeza de Erling, que se abrió camino hacia la historia:

Dos tantos frente al Leicester City; 32, ¡Chau, Cristiano!

Otro contra el Arsenal (¡y luciendo su melena suelta!); 33, ¡hasta luego, Mo!

Uno más contra el Fulham; 34, ¡hola Andrew y Alan!

Y, entonces, el 3 de mayo de 2023, llegó el momento mágico en casa contra el West Ham.

Erling picó con frialdad el balón por encima del portero y entró en la historia de la Premier tras sumar un total de 35 tantos, ¡brutal!

Y, POR SI FUERA POCO...

Ah, y antes de que acabara la temporada, Erling incluso añadió un gol más contra el Everton, para ponerse en cabeza como el GOAT de la Bota de Oro de la Premier League. ■

JUGADOR	CLUB	TEMPORADA	GOLES
ERLING HAALAND	Manchester City	2022-23	¡36 en 35 partidos!
ANDREW COLE	Newcastle United	1993-94	34 en 40 partidos
ALAN SHEARER	Blackburn Rovers	1994-95	34 en 42 partidos
MO SALAH	Liverpool	2017-18	32 en 36 partidos
ALAN SHEARER	Blackburn Rovers	1995-96	31 en 35 partidos
CRISTIANO RONALDO	Manchester United	2007-08	31 en 34 partidos
LUIS SUÁREZ	Liverpool	2013-14	31 en 33 partidos
THIERRY HENRY	Arsenal	2003-04	30 en 37 partidos

¿QUIÉN GANA?

Mbappé es el que acumula más galardones, y su increíble y polifacético talento indica que va a seguir ganando más premios en los próximos 10 años, incluyendo seguramente el Balón de Oro. Haaland, sin embargo, quiere batir todos los récords goleadores del deporte rey, y eso también supone entrar en la historia del fútbol. Pero, para alcanzar el título de GOAT, hay que fijarse en algo más que en los logros individuales. El fútbol es un juego de **equipo**, así que pasemos a analizar las estadísticas de nuestros aspirantes con sus equipos.

ESTADÍSTICAS CON SUS EQUIPOS

		MBAPPÉ	HAALAND
CLUB	Liga de Campeones de la UEFA	0	1
	Títulos de LIGA	7	3
	Copas	6	3
	Supercopa de la UEFA	1	1
SELECCIÓN	Copa Mundial de la FIFA	1	0
	Liga de Naciones de la UEFA	1	0
	TOTAL	16	8

Empecemos con las conclusiones más evidentes:

- El GOAT con más títulos de liga es MBAPPÉ.
- El GOAT con más trofeos internacionales también es MBAPPÉ.
- ¡PERO Haaland es el único que ha ganado la Liga de Campeones (hasta ahora)!

¡Interesante! No obstante, antes de pasar a repasar sus momentos más exitosos con sus clubes y con sus selecciones, es de justicia que hagamos un reconocimiento a los magníficos compañeros con los que han compartido vestuario.

Y es que, por mucho que destaquen Mbappé y Haaland, ni siquiera ellos pueden ganar partidos solos. Para ganar los trofeos más importantes, necesitan contar con excelentes compañeros, y han tenido la fortuna de haber jugado con un buen número de ellos…

EQUIPO DE GALA DE MBAPPÉ

EQUIPO DE GALA DE HAALAND

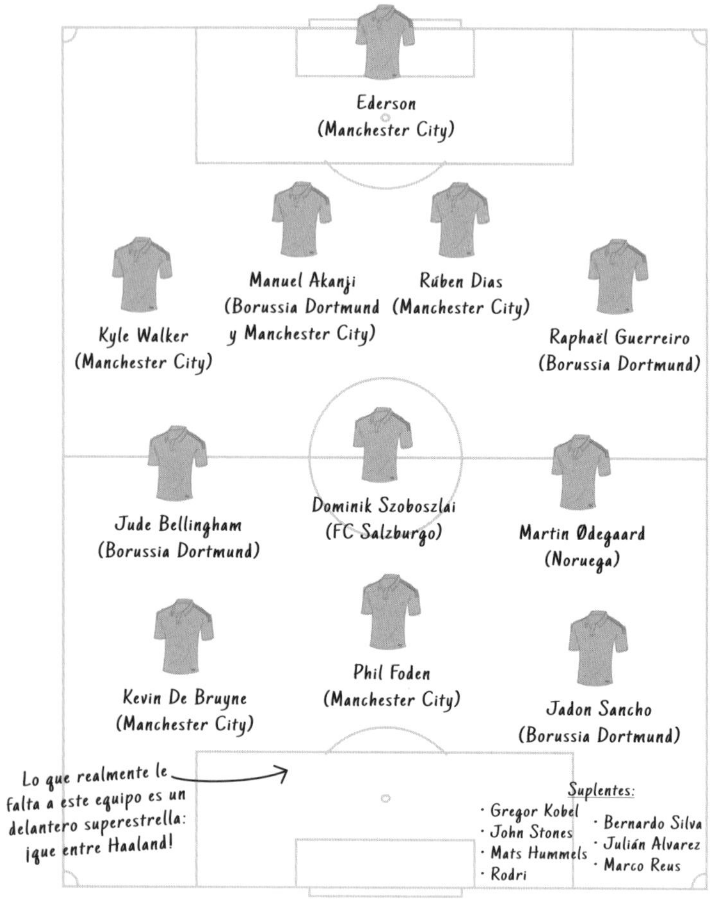

Guau, ¡qué partidazo de superestrellas! (con Bellingham jugando una mitad con cada equipo).

Ahora, para demostrar que los sueños se consiguen gracias al trabajo en equipo, repasaremos los mayores logros de Mbappé y de Haaland con sus equipos.

MBAPPÉ Y LA CLASE MAGISTRAL EN LA COPA MUNDIAL

Tras dejar atrás su dolorosa derrota ante Portugal en la final de la EURO 2016, Francia llegó a la Copa Mundial de Rusia 2018 rebosante de confianza.

En defensa, parecían más fuertes que nunca, con Raphaël Varane y Lucas Hernández como centrales, y el pequeño N'Golo Kanté justo por delante, proporcionando la protección perfecta. En ataque, Francia seguía contando con la fuerza de Olivier Giroud y la visión de juego y la creatividad de Paul Pogba y Antoine Griezmann, pero ahora también con la velocidad y la habilidad increíbles de un nuevo protagonista. El seleccionador Didier Deschamps había encontrado justo a tiempo la pieza que faltaba en el rompecabezas: ¡un niño prodigio llamado Kylian Mbappé!

Desde su debut internacional en marzo de 2017, Kylian se había convertido rápidamente en una pieza clave del equipo, y llegaba al torneo en plena forma, después de conseguir tres goles y tres asistencias en los cinco primeros partidos de Francia en 2018.

Tras una fase de grupos eficiente pero poco espectacular, Francia se enfrentó a la Argentina de Lionel Messi en octavos de final, y fue entonces cuando Kylian decidió que era su momento... En el minuto 11, utilizó su velocidad para irrumpir desde su propio campo. Solo pudieron detenerlo haciéndole penalti, que Griezmann transformó. ¡1-0!

Más tarde, en el minuto 64, Kylian volvió a romper la defensa argentina con un brillante disparo que batió al guardameta. ¡3-2!

Y, cuatro minutos más tarde, Giroud asistió a Mbappé para que marcara otro gol. ¡4-2!

Dos goles y una asistencia en su primera eliminatoria de la Copa Mundial. Francia volaba de la mano de Mbappé. De repente, todo encajaba en el momento justo, y la selección gala superaba sin problemas los cuartos y las semifinales, imparable hacia otra final de la Copa Mundial.

LA FINAL DE LA COPA MUNDIAL

Contra Argentina, Kylian había igualado un récord establecido por la leyenda brasileña Pelé allá por 1958: marcar dos goles en un partido de la Copa Mundial siendo un adolescente. ¿Sería capaz de repetirlo y convertirse en el segundo adolescente en marcar en la final de una Copa Mundial?

El primer gol de Francia fue en propia puerta de Croacia; el segundo, de penalti anotado por Griezmann; el tercero, de Paul Pogba, pero ¿y el cuarto? Un golazo de Kylian desde fuera del área. Lo había conseguido, y también su equipo… ¡juntos! Francia estaba a punto de ganar la Copa Mundial 2018.

«Bienvenido al club», tuiteó Pelé después, y la FIFA concedió a Mbappé el premio al Mejor Jugador Joven del Mundial. Pero, aunque Kylian estaba encantado con sus logros personales, en realidad no eran más que un extra. ¿El premio gordo? Ganar la Copa Mundial con su selección, ¡por supuesto!

Misión cumplida. A sus diecinueve años, ¿Kylian ya podía relajarse? Por supuesto que no. «Quiero hacerlo aún mejor, aunque ganar la Copa Mundial es un comienzo genial», declaró poco después de la final. ■

HAALAND Y EL TRIPLETE DE TROFEOS

Pocos días después de que Erling marcara su trigésimo sexto y último gol en la liga de la temporada 2022-23, el Manchester City se proclamó campeón de la Premier League por tercera vez consecutiva. Poco después, también ganó la Copa de Inglaterra. Doblete asegurado, ¡trabajo hecho! Mmm, no, no del todo. Erling sabía que aún le quedaba la tarea principal: ¡llevar al City a la gloria de la Liga de Campeones por primera vez en su historia!

La temporada anterior, el City había sido eliminado por el Real Madrid en semifinales, a pesar de haber creado innumerables ocasiones. El problema del City era evidente: les faltaba un delantero resolutivo como el madridista Karim Benzema. Ahora, ya lo tenían…

Erling se puso manos a la obra rápidamente en la Liga de Campeones. Marcó 12 goles en 11 partidos, incluidos cinco en 35 minutos en los octavos de final contra el RB Leipzig. En cuartos, volvió a brillar con dos nuevos tantos y una asistencia en la victoria sobre el Bayern de Múnich.

El Real Madrid logró que Erling no viera puerta en semifinales, pero el noruego cumplió generando espacios para sus compañeros. En su lugar, anotaron Bernardo Silva por partida doble, el defensa Manuel Akanji y el delantero suplente Julián Álvarez. El City contaba con muchos goleadores potenciales.

EL TRIPLETE

Llegó el partido más importante de la temporada: la final de la Liga de Campeones, en la que se enfrentaría al Inter de Milán. El City ya había alcanzado este hito en 2021, pero perdió 1-0 contra el Chelsea. En esta ocasión, con un delantero en racha que había logrado marcar 52 goles en 52 partidos, las opciones de victoria se multiplicaban.

«Siento responsabilidad, pero confío en que somos un buen equipo», declaró Erling a los periodistas cuando se acercaba el gran día. «Queda un partido para hacer historia y haré todo lo posible para que así sea».

Con los tres centrales del Inter de Milán vigilando cada uno de sus movimientos, Erling tuvo que armarse de paciencia y trabajar duro para el equipo. Haaland quería responder a las expectativas, pero en realidad no importaba quién marcara, siempre y cuando el Manchester City ganara el partido y el trofeo…

A mediados de la segunda parte, Akanji buscó a Bernardo Silva con un pase en profundidad y, seguidamente, el portugués colgó un centró en el área rival. Erling se preparó para rematar, pero el balón se desvió hacia el borde del área, donde llegó el centrocampista defensivo del City Rodri y, con una tranquilidad pasmosa, remató con el interior del pie para lograr el primer tanto.

¡Gol! Erling corrió hacia Rodri, rugiendo con tanta emoción como si hubiera sido él quien hubiera marcado el tanto.

LÁGRIMAS DE ALEGRÍA

El gol resultó ser el de la victoria. Cuando sonó el pitido final, Erling lloró de alegría con sus compañeros. Juntos lo habían conseguido: ¡el City había ganado la Liga de Campeones en su primera temporada en el club! Habían logrado el triplete y Erling había tenido un papel estelar. ■

¿QUIÉN GANA?

Mbappé con su selección y Haaland con su club: ambos ya han saboreado el éxito en el mundo del fútbol, y seguro que vuelven a hacerlo ahora que están en lados opuestos de la nueva gran rivalidad de la Liga de Campeones: Real Madrid contra Manchester City.

Es evidente que han tenido la suerte de compartir equipo con jugadores de gran talento, pero Mbappé y Haaland se han ganado a pulso ser las estrellas de estos equipos de élite tanto en la actualidad como en el futuro próximo.

DECIDAMOS ENTONCES... ¿QUIÉN ES EL GOAT DE LAS ESTADÍSTICAS?

En este apartado, hemos analizado los récords de goles y asistencias de Mbappé y de Haaland, y lo que cada jugador ha conseguido tanto a nivel individual como con sus equipos. Ahora, es el momento de sacar conclusiones y **votar al GOAT**.

SETH SE DECANTA POR MBAPPÉ

Creo que Erling Haaland es un matón. ¿Qué hacen los matones? Se meten con jugadores y equipos que son mucho más pequeños que ellos. Por eso, Haaland marca tantos goles contra equipos como el BSC Young Boys y el Southampton. (¡Estoy seguro que incluso Matt podría marcar contra el Southampton!).

Pero ¿qué ocurre cuando a los matones se les pide que se enfrenten a alguien de su tamaño? ¡Se amedrentan!

SAQUE INICIAL
CARÁCTER
HABILIDADES
MEDIA PARTE
ESTADÍSTICAS
INCIDENCIA
PRÓRROGA

¿Y qué pasa cuando Haaland tiene que jugar contra otro equipo puntero o disputa una final? Que se amedrenta…

Ya hemos oído hablar de las asombrosas estadísticas de Haaland, pero sus números no engañan: cuando marca, suele ser contra rivales más débiles. ¿Tres goles en diez finales? Esas no son las estadísticas de un GOAT.

Kylian Mbappé, el indiscutible GOAT de las estadísticas, marca en los partidos menos importantes y en los trascendentales. No hay partido más importante que una final de la Copa Mundial, y Mbappé ha marcado cuatro goles en dos finales.

¿Un jugador con estadísticas de relleno o uno que no falla en los grandes partidos? Yo lo tengo claro…

MATT SE DECANTA POR HAALAND

En el fútbol, a veces los números son más elocuentes que las palabras:

TEMPORADA	PARTIDOS	GOLES	GOLES POR PARTIDO
2020-21 (Borussia Dortmund)	41	41	1,00
2021-22 (Borussia Dortmund)	30	29	0,97
2022-23 (Manchester City)	53	52	0,98
2023-24 (Manchester City)	45	38	0,84
PROMEDIO	42	40	0,95

Supera eso, Mbappé… Oh, espera, **¡No puede!** Erling es la máquina de hacer goles del fútbol moderno. Tiembla, Ronaldo, porque está empecinado en batir todos los récords goleadores de la historia. Además, ahora que juega en el Manchester City, Erling también se está convirtiendo en una máquina de ganar trofeos. Vuelve cuando hayas levantado la Liga de Campeones, Kylian, ¡y entonces quizá podamos debatir!

Erling es consciente de que debe mejorar sus números de asistencias y goles en los partidos importantes, pero dale una oportunidad: ¡solo tiene veinticuatro años! Está trabajando duro para mejorar ese aspecto de su juego, y, con su mentalidad ganadora, seguro que lo consigue. Caso cerrado: Erling Haaland es el GOAT del fútbol del presente y del futuro.

Seth
¡Creo que te refieres al fútbol de avestruces! ¿Has visto cómo corre Haaland?

Matt
¡Claro, claro! En cualquier caso, el avestruz del fútbol gana a la tortuga del fútbol.

Seth
Ya, pero Mbappé no se mueve como una tortuga…

Matt
No, pero tú sí, ¡y además también hueles igual!

PUNTUACIONES

	MBAPPÉ	HAALAND
RENDIMIENTO	9/10	8/10
LOGROS INDIVIDUALES	8/10	8/10
ESTADÍSTICAS CON SUS EQUIPOS	9/10	9/10
PUNTUACIÓN TOTAL	26/30	25/30

Esta es nuestra conclusión, tanto si querías oírla como si no. Ahora, te toca a ti opinar. En lo que respecta a las estadísticas, ¿quién crees que es el GOAT del fútbol: Mbappé o Haaland?

Mi GOAT de las estadísticas es:

....

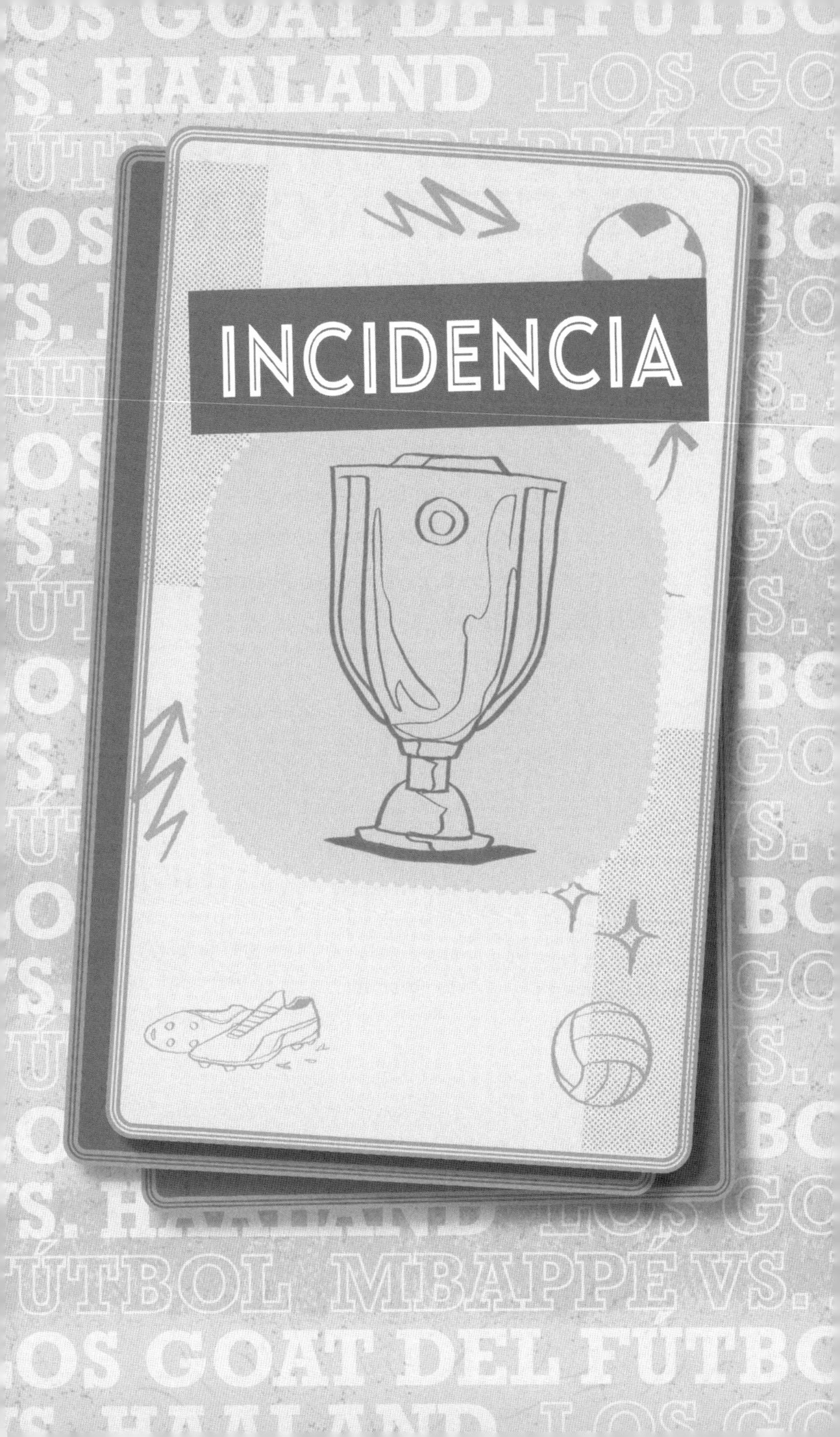
INCIDENCIA

¿QUÉ ES LA INCIDENCIA?

Allá vamos: nuestra cuarta y última sección antes de decidir quién será nuestro definitivo e indiscutible futuro GOAT del fútbol. Vaya, ¡este libro ha volado más rápido que Mbappé por la banda! En esta sección, analizaremos la incidencia de nuestros GOAT en el deporte rey: su impacto global, su legado y cómo han contribuido a hacer todavía más grande este deporte. Sí, aún son muy jóvenes, pero ambos jugadores ya han aportado muchas cosas…

Vamos a dividir esta sección en tres apartados clave:

CLUBES
Analizaremos el impacto que Mbappé y Haaland han tenido en los distintos equipos en los que han jugado.

SELECCIÓN
Repasaremos el impacto que han tenido en su selección.

EL FÚTBOL
Y, por último, evaluaremos cómo han cambiado el propio fútbol.

Después de este apartado, tu argumento será aún más fuerte que Haaland después de zamparse un plato de hígado de vaca… ¡Vamos!

CLUBES

Borussia Dortmund, Manchester City, PSG, Real Madrid… Mbappé y Haaland han jugado en algunos de los clubes más importantes del mundo y han levantado los trofeos más codiciados. Todo indica que ambos dominarán el fútbol de clubes durante mucho tiempo, pero ¿qué impacto han causado ya?

KYLIAN MBAPPÉ

QUÉ DICEN SUS CRÍTICOS

«Puede que Mbappé sea un héroe de la Copa Mundial, pero no ha conseguido brillar igual en la Liga de Campeones».

¡ERROR!

Mbappé quizá debería haber ganado la Liga de Campeones con el PSG. No obstante, su trayectoria con el club galo no puede catalogarse como un fracaso absoluto. Antes de su llegada, el PSG no había superado los cuartos de final de la Liga de Campeones desde 1995. Con Mbappé, pasó a ser un asiduo de las eliminatorias. El propio Mbappé se convirtió en su máximo goleador histórico de la Liga de Campeones con muchos goles increíbles, incluyendo:

- Un *hat-trick* contra el Barcelona en octavos de final (febrero de 2021)
- Un doblete contra el Bayern de Múnich en cuartos de final (abril de 2021)
- Un doblete contra el Barcelona en cuartos de final (abril de 2024).

En siete años en el PSG, ganó:

- Seis títulos de la Ligue 1
- Seis galardones al máximo goleador de la Ligue 1
- Cinco premios al mejor jugador de la Ligue 1
- Cuatro Copas de Francia
- Dos Copas de la Liga de Francia.

Incluso con compañeros como Neymar y Messi, Mbappé fue el hombre más importante del equipo y ganó prácticamente todo, ¡excepto la Liga de Campeones!

A medida que se convertía en una superestrella mundial, Mbappé también ayudó al PSG a convertirse en un club referente en todo el mundo, con seguidores famosos como Beyoncé y Kim Kardashian, tal y como también lo demuestra el acuerdo con la marca de Nike,

Air Jordan. Gran parte del éxito de la marca PSG se debió a las proezas de Mbappé en el terreno de juego.

En 2022, el PSG se había convertido prácticamente en el Mbappé FC. Cuando Mbappé amenazó con irse al Real Madrid, el PSG le ofreció un nuevo megacontrato. Incluso recurrieron a la ayuda del presidente Macron para convencerlo de que se quedara. Además, el PSG le dio a Mbappé la oportunidad de participar en la elección del nuevo entrenador (optó por Christophe Galtier) y del director deportivo. La oferta fructificó y Kylian se quedó en París dos años más. Puede que aún le faltara lograr un gran trofeo con el PSG, pero se había convertido en un referente indiscutible del club…

ERLING HAALAND

Ya hemos hablado del impacto de Haaland en el Manchester City. Recapitulemos. Primera temporada: batió el récord de goles de la Premier League y ganó el triplete, incluida la primera Liga de Campeones de la historia del City. Segunda temporada: ganó la Premier League y la Bota de Oro de nuevo. Su entrenador, Pep Guardiola, dijo que «la contribución de Haaland ha sido excepcional desde el día en que llegó». Pero Haaland ya había causado un gran impacto en su paso por otros clubes antes de llegar al City…

Cuando llegó al Molde, el equipo acababa de terminar quinto en la primera división noruega, a 24 puntos del campeón, el Rosenborg. Sin embargo, con Haaland al frente, el Molde logró dos segundos puestos consecutivos. En su segunda temporada, Haaland se convirtió en el máximo goleador del club, con 16 goles en 30 partidos. Cuando Haaland fichó por el FC Salzburgo, el Molde invirtió el dinero logrado con su venta en reforzar la plantilla y ganó la liga la temporada siguiente. ¡Gracias, Erling!

En el FC Salzburgo, los goles de Haaland auparon al equipo al tercer puesto en la fase de grupos de la Liga de Campeones de la UEFA, la mejor actuación del club en la competición desde 1995. Con 10 goles en tan solo 554 minutos, además acabó segundo en la lucha por la Bota de Oro de la Liga de Campeones. A pesar de que solo disputó 27 partidos con el club antes de su traspaso al Borussia Dortmund, terminó la temporada como máximo goleador del FC Salzburgo con 29 goles, ¡ayudando al equipo a conseguir el doblete de la liga y la copa austriacas!

En el Dortmund, marcó la friolera de 86 goles en 89 partidos. Con Haaland al frente, el equipo alemán conquistó la Copa de Alemania en 2021 (marcó dos goles en la final) e igualó su mejor actuación en la Liga de Campeones en ocho temporadas.

«Es el tipo de delantero que necesitábamos».

AXEL WITSEL, COMPAÑERO EN EL BORUSSIA DORTMUND

Sí, Haaland es el tipo de delantero que todo club necesita. Con su capacidad goleadora, sus aptitudes físicas y su inteligencia táctica, ¡tiene la capacidad de transformar cualquier club en el que juegue!

¿QUIÉN GANA?

Uno convirtió al PSG en el Mbappé FC, llevándolo a cotas que nunca antes había alcanzado. El otro, por su parte, ha triunfado en múltiples clubes de todo el mundo. La cosa está muy reñida, pero el hecho de que Haaland lo haya demostrado en varios equipos le da una ligera ventaja.

SELECCIÓN

Nuestra dupla de candidatos atesora una experiencia internacional diferente. Mbappé ha dejado su huella en la Copa Mundial, mientras que Haaland ni siquiera ha participado en una EURO. Pero ¿significa eso que Haaland no ha aportado nada a Noruega? Echemos un vistazo al impacto que cada uno ha tenido en la historia futbolística de su país.

KYLIAN MBAPPÉ

1998 fue un gran año para el fútbol galo. Nació Kylian Mbappé. Ah, y también ganaron la Copa Mundial por primera vez (regresaremos a este tema más adelante).

«Desde el principio, llegó y nos demostró que iba a ser el indiscutible referente de la selección durante los próximos 10 años».

BLAISE MATUIDI, COMPAÑERO EN LA SELECCIÓN FRANCESA

Mbappé tenía diecinueve años cuando debutó con la selección absoluta de Francia. Solo jugó 12 minutos, pero estuvo impresionante. Cinco meses después, marcó su primer gol con Francia.

Con cada una de sus actuaciones, las esperanzas de Francia aumentaban de cara a la Copa Mundial 2018. Se trataba de un jugador que ya había saboreado el éxito internacional, al ganar la Eurocopa Sub-19 en 2016. Ahora, se unía a una plantilla repleta de talento, con Paul Pogba, Antoine Griezmann y Ousmane Dembélé. Quizá juntos podrían ganar la primera Copa Mundial para Francia desde 1998…

Mbappé no solo brilló en 2018, ¡fue imparable! Ganó el premio al Mejor Jugador Joven de la Copa Mundial de la FIFA, y se convirtió en el goleador más joven de Francia en la historia de los Mundiales.

Y, cuatro años después, volvió a hacerlo.

Francia nunca había alcanzado dos finales consecutivas de la Copa Mundial. Sin embargo, gracias al *hat-trick* de Kylian, estuvo muy cerca de lograr semejante hito. Si, en el minuto 123, el guardameta argentino *Dibu* Martínez no hubiera hecho una parada antológica o si el chut de Kolo Muani hubiera ido cinco centímetros más alto, Francia podría haber levantado el trofeo de nuevo. Aun así, Mbappé se llevó su propio trofeo, la Bota de Oro, tras marcar ocho goles en el torneo.

La selección gala también ha sufrido algunas decepciones después del debut de Mbappé: críticas por una mala actuación contra Turquía en 2019; una eliminación de la EURO 2020 en octavos de final; una derrota en semifinales de la EURO 2024. Pero los aficionados franceses coinciden en que lo bueno supera con creces a lo malo. Mbappé les deja sin aliento con su velocidad, su técnica y su empuje, y ningún jugador ha hecho más por devolver los días de gloria a Francia.

ERLING HAALAND

Cuando el prometedor delantero Erling Haaland debutó con la selección absoluta en septiembre de 2019, Noruega se atrevió a soñar. Se trataba de un delantero que podría recuperar para su país los días de gloria.

La selección noruega no pasaba precisamente por una buena época. Apenas nueve años antes, había sido clasificada por la FIFA como el undécimo mejor equipo del mundo (¡y en 1993 incluso ocuparon brevemente el segundo puesto!). Sin embargo, en 2019, ocupaba el humilde puesto 53 y no había logrado clasificarse para un gran torneo desde la EURO 2000.

Pero empezaron a surgir brotes verdes. Noruega acababa de ascender del Grupo C de la Nations League. Y a Haaland se unía otro joven y prometedor jugador: Martin Ødegaard, del Real Madrid.

Haaland jugó 66 minutos en su debut internacional, en una victoria por 2-0 sobre Malta. En su tercer partido con la roja de Noruega, logró marcar su primer gol, contra Austria. Y todos sabemos lo que pasa cuando Haaland empieza a marcar…

Dos goles más contra Irlanda del Norte, un *hat-trick* contra Rumanía… Y, a continuación… nada más.

Haaland sufrió una larga travesía por el desierto. En ese tiempo, luchó contra lesiones y enfermedades, pero desde septiembre de 2021 ha promediado más de un gol por partido con su país.

¿Qué impacto han tenido sus goles? En la actualidad, Noruega ocupa el puesto… ¡43! Ha subido 10 puestos en el escalafón desde el debut de Haaland, pero aún sigue estando por debajo de «potencias internacionales» como Panamá, Rumanía o Eslovaquia.

Durante esta etapa, han quedado terceros en sus grupos de clasificación para la EURO 2020, la Copa Mundial 2022 y la EURO 2024. Aunque han ascendido al Grupo A de la UEFA Nations League, aún no han logrado clasificarse para un gran torneo.

QUÉ DICEN SUS CRÍTICOS

«Haaland es un león voraz con su club y un ratoncito con su país».

¡ERROR!

Con una media de un gol por partido, ya es el máximo goleador histórico de Noruega. Fue el máximo goleador de la Nations League 2022, y ha demostrado que es tan letal con su selección como con su club.

Haaland ha logrado el éxito a nivel individual, pero los aficionados noruegos tienen la impresión de que una selección que cuenta con el talento ofensivo de Haaland, Ødegaard, Oscar Bobb, Alexander Sørloth y Antonio Nusa, debería haber cosechado mejores resultados. Erling coincide y está decidido a cambiar las cosas.

«Noruega es una nación pequeña... pero, a menudo, las naciones pequeñas logran grandes hazañas en los Mundiales... Esperamos clasificarnos [para la Copa Mundial 2026]; ese es nuestro gran objetivo».

ERLING HAALAND

Con el tiempo a su favor, no sería de extrañar que el nuevo segundo capitán de Noruega inspirase a sus compañeros para subir en la clasificación de la FIFA y, sobre todo, para disputar un gran torneo internacional. Pero, hasta entonces, Haaland y sus compañeros deben trabajar duro…

¿QUIÉN GANA?

Haaland cuenta con un increíble registro goleador con Noruega. El único problema es que los números de Noruega con Haaland son más bien discretos. Desde que Erling empezó a jugar con la selección, todavía no se han clasificado para un gran torneo internacional. Francia, por su parte, ha volado con Mbappé. Con sus goles en la Copa Mundial, sus actuaciones en partidos decisivos, sus trofeos internacionales y ese *hat-trick* mágico en la final. Sin duda, en este apartado Mbappé se impone con rotundidad.

EL FÚTBOL

Puede que nuestros futuros GOAT del fútbol aún sean unos chavales con muchas temporadas por delante, pero no hay duda de que ya han logrado un gran impacto en el deporte rey a pesar de sus breves trayectorias. Como dos de los mejores futbolistas jóvenes del mundo, han contribuido a marcar una **gran** diferencia, y ambos tienen mucho más que ofrecer. Aunque todavía es demasiado pronto para juzgar su contribución global, pondremos la lupa en los primeros indicios del legado que pueden lograr.

KYLIAN MBAPPÉ

Cuando Mbappé recibe el balón, los aficionados contienen la respiración. Se levantan de sus asientos. Los corazones laten más rápido. No podemos imaginar el fútbol sin Mbappé. Pero ¿cómo está logrando cambiar exactamente el fútbol?

EL MAESTRO DEL ENGAÑO

El giro de Cruyff. El recorte de Ronaldo. El amago de Messi. Los grandes futbolistas siempre ingenian nuevas formas de burlar a sus adversarios, y Mbappé no iba a ser menos. Su remate por sorpresa al primer palo se ha convertido en su seña de identidad, con el que ha engañado a porteros de todo el mundo. Otros delanteros ya empiezan a añadirlo a su arsenal. Es de esperar que su jugada cause sensación en los años venideros.

LA MARCA MBAPPÉ

En la era de los medios digitales, que los futbolistas se conviertan en marcas es algo de lo más habitual. Pero Mbappé lo ha llevado al siguiente nivel. Con más de 150 millones de seguidores en las redes sociales, es una de las voces con más repercusión del deporte. Junto con su familia, ha estado construyendo cuidadosamente la «marca Mbappé» desde que era un niño.

En 2017, los padres de Mbappé crearon una empresa para llevar los negocios de su hijo, que cuenta con más de 30 empleados. En 2021, ganaron 12,1 millones de euros.

En 2024, Mbappé compró el 80 % de las acciones del club SM Caen de la Ligue 2. No es extraño que los futbolistas compren clubes de fútbol (como David Beckham con el Inter Miami), pero nadie lo había hecho con solo veinticinco años.

Mbappé afirmó en una ocasión que «el fútbol ha cambiado». Sin duda, lo ha hecho, en parte de forma positiva, y él ha contribuido con creces a ese cambio…

MBAPPÉ: EL FÚTBOL AL SERVICIO DEL BIEN

Como muchos otros países, Francia está formada por personas de orígenes étnicos muy diversos, y su selección nacional de fútbol es un buen ejemplo. Cuando el equipo va bien, como cuando ganó la Copa Mundial en 1998 (unos meses antes de que naciera Mbappé), la gente celebra su diversidad. Cuando la pelota no quiere entrar, la situación no es tan agradable. En la Copa Mundial 2010, Francia fue eliminada en la fase de grupos. Se cuestionó hasta qué punto eran realmente franceses los jugadores que tenían orígenes y culturas diferentes.

Cuando Mbappé irrumpió en escena, se convirtió en el referente de estos grupos étnicos en el fútbol. Era negro, de padres argelinos y cameruneses, y era capaz de tratar con naturalidad y madurez estos temas en las entrevistas.

Sobre el terreno de juego, Mbappé hizo lo que mejor sabe hacer. En la Copa Mundial 2018, fue la estrella de un equipo formado por jugadores con orígenes de lo más variopintos (17 de los 23 habían disputado al menos un encuentro con otra selección). Tras el torneo, Mbappé donó las primas obtenidas a obras benéficas. A continuación, se propuso seguir cosechando éxitos en la EURO 2020.

Sin embargo, las cosas no salieron según lo previsto. Esta vez, Mbappé no respondió a las expectativas. Falló el penalti que eliminó a Francia del torneo. Y, lo que es peor, después del partido, recibió insultos racistas en las redes sociales.

UN MENSAJE CLARO

Cuando la Federación Francesa de Fútbol no lo apoyó, Mbappé alzó la voz: «no puedo jugar representando a gente que piensa que soy un mono». Tras estas impactantes declaraciones, la Federación Francesa de Fútbol se dio cuenta de su error y decidió tomar cartas en el asunto. Pidió disculpas a Mbappé y trabajó para atajar el racismo. A raíz de esta actuación, Mbappé aceptó seguir jugando con Francia.

EN CONTRA DEL RACISMO

«Es un mensaje para los jóvenes para que digan "somos más fuertes que eso"», afirmó.

Mbappé se había posicionado de forma clara para combatir una lacra de la sociedad como es el racismo. Había alzado la voz siendo consciente de que era un personaje público con mucha trascendencia. Desde entonces, se ha convertido en una figura que siempre se ha posicionado a favor de las causas justas.

En 2024, aprovechó su rueda de prensa previa al partido contra Austria para instar a los jóvenes a votar en las siguientes elecciones. Tras sus declaraciones, ¡el número de jóvenes de entre dieciocho y treinta y cinco años que tenían intención de votar casi se duplicó! Este icono francés no solo está cambiando el fútbol para mejor, sino que ¡también está cambiando el mundo! ■

ERLING HAALAND

El fútbol sin Haaland no sería lo mismo. Sin sus zancadas feroces que superan a los defensas, sin sus remates al primer toque que sorprenden a los porteros. Y ni siquiera hemos mencionado su larga melena. Todos coincidimos en que, con Haaland, el fútbol es mucho mejor. Pero ¿cómo está influyendo en el juego?

LA REIVINDICACIÓN DE LA FIGURA DEL DELANTERO CENTRO

En esta época donde Haaland destaca como un enorme goleador, cuesta creer que existiera otra en la que muchos equipos jugaban con un falso nueve en lugar de con un delantero centro clásico. Aunque la posición de falso nueve se vio por primera vez en la década de 1890, no se generalizó hasta que Pep Guardiola eligió al mago del Barcelona, Lionel Messi, para ese papel. Messi transformó el mundo del fútbol y, de repente, ¡todo el mundo quería jugar con un falso nueve! ¿Se habían convertido los delanteros centros en una especie en vías de extinción? No del todo...

A medida que más equipos optaban por jugar con un falso nueve, Pep se dio cuenta de un problema: sin un delantero centro clásico, los equipos no tenían un referente al que enviar pases largos. Pep buscó una solución. Finalmente, encontró a Haaland, en muchos sentidos un delantero centro a la vieja usanza. Pero la capacidad de Erling para adaptarse a diferentes tácticas lo convierten en un jugador único. A medida que anotaba muchos goles, la tendencia en el mundo del fútbol fue cambiando: los equipos querían contar con un delantero centro, y, a poder ser, grande, potente y goleador.

«Haaland ha vuelto a poner de moda a los delanteros...»
JAMIE CARRAGHER, COMENTARISTA DE TELEVISIÓN

UN GRAN PROFESIONAL

Messi y Ronaldo fueron los primeros en poner el fútbol por encima de todo. Haaland ha llevado esa dedicación al siguiente nivel:

- Practica yoga para aumentar su flexibilidad.
- Medita para aliviar el estrés y mejorar su concentración.
- Se tapa la boca y lleva gafas de protección por las noches para mejorar la calidad de su sueño.
- Tiene una cámara de crioterapia de 60000 euros en casa para aliviar los dolores musculares y acelerar la recuperación.

Si hay algo que haga que Haaland mejore un 0,000001 %, lo hará… y todos los días.

En el fútbol actual, los entrenadores se decantan porque sus jugadores intervengan en todas las zonas del campo y tengan mucho contacto con el balón. Tiene sentido, ¿verdad? Con once jugadores en continuo movimiento, el equipo tiene más posibilidades de marcar gol.

Sin embargo, cuando Haaland llegó al Manchester City, pasó algo totalmente diferente: ¡apenas tocaba el balón! En su primera temporada, solo hizo una media de 24,8 toques por partido, que bajó a 22,4 durante la siguiente temporada…

¡Intervenía menos en el juego que el 99 % de los jugadores de la Premier League! En lugar de regatear y pasar el balón, se limitaba a esperar en el frente de ataque.

¿Eso facilitaba las cosas a los defensas contrarios? **¡No!** De hecho, Haaland es un **gran** quebradero de cabeza para los defensas. Con sus increíbles habilidades físicas y su enorme capacidad de remate, tiene que ser marcado, a menudo, por dos defensas, lo que deja espacio para sus compañeros de equipo.

UN RADAR PERMANENTE

Haaland explora constantemente su entorno en busca de oportunidades. Así es como lo explica: «Salgo de mi cuerpo y me convierto en un zombi… Solo miro a mi alrededor. Sigo conectado, pero camino y escaneo, escaneo y escaneo». Cuando el equipo avanza posiciones desde la defensa, no intervengo. Espero el momento oportuno».

En cuanto detecta la más mínima oportunidad, se lanza a por ella. Aunque no intervenga mucho en el juego, Haaland marca muchos goles. En su tercera temporada en el Manchester City, Haaland marcó un gol de media cada 22,7 toques, el mejor dato desde que existen registros.

El constante escaneo de Haaland, combinado con su disposición para entrar en acción a toda velocidad, explican que, en la primera mitad de la temporada 2024-25, haya hecho más esprints por partido que cualquiera de sus compañeros del City, a pesar de ser el jugador que más camina de la Premier League.

POCA PARTICIPACIÓN, GRAN IMPACTO

Haaland ha desafiado la creencia generalizada de que todos los futbolistas deben participar más en el juego. Porque, cuanto menos interviene en el juego del Manchester City, más peligroso parece volverse.

«Mi sueño es tocar el balón cinco veces y marcar cinco goles», declaró Erling.

¿Será posible? Por supuesto, no lo descartemos… ■

COMO CONCLUSIÓN, ¿QUIÉN ES EL GOAT CON MÁS INCIDENCIA?

Antes de tomar una decisión definitiva, nos gustaría hablar de cómo Mbappé y Haaland están cambiando el fútbol al unísono.

LA IMPORTANCIA DEL PODERÍO FÍSICO

El fútbol es cada vez más físico; requiere más rapidez y potencia. Los jugadores corren más kilómetros, son más veloces y tienen mayor resistencia. Desde 2020-21, las siete mejores marcas de la velocidad más alta alcanzada en la Premier League se ha ido registrando en la temporada más reciente.

¡Y cada vez irá aumentado más!

En un deporte tan eléctrico, no es de extrañar que los dos mejores jugadores del mundo luzcan una excelente forma física y sean rápidos y fuertes. Gracias a ellos, el fútbol y el atletismo cada vez se aproximan más.

Pero, además de su increíble condición física, también atesoran una técnica portentosa. Pueden avanzar con el balón a velocidades asombrosas y superar a numerosos defensas mientras mantienen el control de la pelota.

UN SOPORTE INCONDICIONAL

El Proyecto Mbappé es una realidad.

Definición del Proyecto Mbappé: convertir a tu hijo en el próximo GOAT del fútbol mediante una constante e intensa preparación.

Casi desde el primer momento en que Mbappé pisó un terreno de juego, sus padres elaboraron un plan para que su hijo tuviera una prometedora carrera.

Les ayudó el hecho de que ambos habían sido deportistas de élite, pero especialmente la implicación que dedicaron a la carrera de su hijo. Pudieron recurrir a la ayuda de otros miembros de la familia y al consejo de entrenadores expertos y de buenos amigos: todos tenían una amplia experiencia.

Por su parte, Haaland también contó con mucha gente que le ayudó a conducir su carrera a buen puerto. A medida que tanto él como Kylian participaban en programas punteros de entrenamiento, su talento empezó a florecer.

Mbappé pudo haber fichado por el Chelsea de niño, e incluso por el Real Madrid. Pero sus asesores tenían otro plan trazado: iría creciendo poco a poco.

Haaland podría haber fichado por la Juventus tras destacar en el Molde. Pero, en lugar de eso, sus asesores lo animaron a decantarse por el FC Salzburgo. Allí pudo seguir creciendo asumiendo el rol del jugador más importante del equipo.

Gracias a la sabia orientación de sus familias, nuestros GOAT eligieron acumular horas de juego y de experiencia antes que dinero. Sin duda, ambos han obtenido una jugosa recompensa, y, en la actualidad, muchos otros jugadores siguen sus pasos...

En este apartado, hemos visto cómo Mbappé y Haaland han cambiado sus clubes e inspirado a sus selecciones. Ahora, es el momento de analizar su enorme impacto y... **votar por el GOAT**.

SETH SE DECANTA POR MBAPPÉ

Bien, esto está chupado:

- Leyenda de la Copa Mundial con 19 años.
- GOAT de la Copa Mundial con 23 años.

¿Necesito decir algo más?

Es cierto que Mbappé no ha ganado la Liga de Campeones, pero la ganará, así que no hay por qué preocuparse. Pero pocos jugadores ganarán alguna vez la Copa Mundial, y lo más probable es que Mbappé añada otro trofeo mundialista a su colección. Ya es el máximo goleador de la historia del PSG. Pronto, se convertirá en el máximo goleador masculino de la historia de Francia. Y lo más probable es que también llegue a ser el máximo goleador de la historia de la Copa Mundial.

En el terreno de juego, no deja de sorprender con nuevas formas de superar a los defensas, engañar a los porteros y crear magia para sus compañeros. Pero también está cambiando el fútbol por su aportación al margen del juego. Ha convertido al PSG en una supermarca mundial. Tiene más de 150 millones de seguidores en las redes sociales y ha contribuido a la unión de la sociedad francesa con sus declaraciones y sus actos.

MATT SE DECANTA POR HAALAND

La incidencia consiste en marcar la diferencia, y Haaland lo ha hecho en todos los clubes en los que ha jugado:

- Primero, ayudó al Molde a terminar segundo en Noruega.
- Lideró al FC Salzburgo para imponerse en la liga austriaca y para lograr dos victorias en la primera ronda de la Liga de Campeones.
- A continuación, ayudó al Borussia Dortmund a conquistar la Copa de Alemania/DFB-Pokal y a alcanzar los cuartos de final de la Liga de Campeones.
- Por último, fue determinante para que el Manchester City consiguiera el triplete, incluido el trofeo que más deseaban: ¡la Liga de Campeones!

Es muy sencillo: ficha a Haaland, dale el balón y marcará un montón de goles, además de hacerte ganar un montón de trofeos.

No ha tenido el mismo éxito que Mbappé en su selección, pero ¡no es una comparación justa! Noruega no tiene cientos de jugadores de talla mundial como Francia. A pesar de las dificultades, el palmarés internacional de Haaland es excelente, y ya es el máximo goleador noruego de todos los tiempos.

Y, aunque no esté transformando la sociedad (aparte de poner de moda los pijamas de seda, claro), sí está cambiando el mundo del fútbol. No solo ha contribuido a volver a poner de moda la figura del delantero centro, sino que, con cada gol, muestra una nueva forma de jugar de los atacantes, con menos toques y más remates letales.

Haaland marca la diferencia en el vestuario y sobre el terreno de juego. En otras palabras, es el GOAT del fútbol.

Seth
¡Querrás decir que es el gandul del fútbol! Es evidente que Haaland se pasa buena parte de los encuentros sesteando mientras sus compañeros hacen todo el trabajo duro… Y, encima, es él quien se lleva todos los aplausos.

Matt
Mmm… Eso me recuerda a alguien…

Seth
Claro, ¿te has estado mirando en el espejo otra vez?

Matt
Tal vez, pero a ti no te iría nada mal. Tu peinado parece de la Edad Media.

PUNTUACIONES

	MBAPPÉ	HAALAND
INCIDENCIA EN SUS CLUBES	8/10	9/10
INCIDENCIA EN SUS SELECCIONES	9/10	7/10
INCIDENCIA EN EL FÚTBOL	8/10	8/10
PUNTUACIÓN TOTAL	25/30	24/30

Este es nuestro veredicto, pero, ahora, ¡es tu turno! ¿Quién crees que es el GOAT de la incidencia?

Mi GOAT de la incidencia es:

....

PRÓRROGA

Ya hemos llegado al final del libro. Se acabó. Acabado. Como cualquier defensa que se enfrenta a nuestros GOAT…

CARÁCTER

	MBAPPÉ	HAALAND
CARÁCTER	Es ambicioso, seguro y maduro.	Tiene los pies en la tierra, es muy centrado, pero, a la vez, amante de la diversión.
	Desde muy joven, ha demostrado una madurez excepcional frente a los problemas.	Aunque todavía es joven, ha tenido que superar numerosos contratiempos.
	Predica con el ejemplo y nunca tiene miedo de decir lo que piensa.	Predica con el ejemplo para ganarse el respeto del vestuario.

HABILIDADES

	MBAPPÉ	HAALAND
HABILIDADES	Es un portento físico, uno de los jugadores más veloces del mundo.	Es grande, fuerte y rápido. Un atleta total.
	Este demonio del regate es también un consumado rematador.	Este robot está programado para marcar goles.
	Piensa más rápido que nadie.	Encaja en cualquier estilo de juego.

Hemos expuesto nuestras valoraciones. Hemos debatido. E, increíblemente, ¡seguimos siendo amigos! Ahora, repasemos los puntos clave…

ESTADÍSTICAS

MBAPPÉ	HAALAND
Acumula más goles y asistencias que Haaland.	Tiene un porcentaje de goles por partido mucho mejor en la Liga de Campeones.
Ha sido Jugador del Año de la Ligue 1 cinco veces en ocho temporadas.	Ha sido elegido Jugador del Año de la UEFA.
Ha ganado la Copa Mundial y ha marcado cuatro goles en dos finales de este torneo.	Ha ganado la Liga de Campeones.

INCIDENCIA

MBAPPÉ	HAALAND
Convirtió al PSG en un superclub mundial.	Ha ganado trofeos con diferentes equipos europeos.
Estuvo a punto de ganar dos Copas del Mundo consecutivas con Francia.	Aunque no haya logrado títulos internacionales, ha demostrado sus enormes dotes goleadores con Noruega.
Ha utilizado su fama mundial para tratar de mejorar la sociedad.	Ha dejado patente que aún hay sitio para los delanteros centros en el fútbol profesional.

NUESTRAS PUNTUACIONES

	CATEGORÍA	MBAPPÉ	HAALAND
CARÁCTER	PERSONALIDAD	8/10	9/10
	MENTALIDAD	9/10	8/10
	LIDERAZGO	9/10	7/10
HABILIDADES	FÍSICAS	9/10	10/10
	TÉCNICAS	9/10	8/10
	TÁCTICAS	8/10	9/10
ESTADÍSTICAS	RENDIMIENTO	9/10	8/10
	PREMIOS INDIVIDUALES	8/10	8/10
	TROFEOS DE EQUIPO	9/10	9/10
INCIDENCIA	CLUBES	8/10	9/10
	SELECCIÓN	9/10	7/10
	FÚTBOL	8/10	8/10
	PUNTUACIÓN TOTAL	103/120	100/120

Ahora bien, es importante recordar que esas son solo nuestras opiniones. Lo bonito del fútbol es que todo el mundo puede tener su propia opinión.

Matt
Sí, incluso los aficionados del Peterborough United.

Seth
¡Ya estoy harto de te metas con mi equipo favorito!

Matt
Creo que lo más conveniente será acabar ya este libro. Hasta nuestra próxima batalla del GOAT del fútbol, colega…

Pero, antes de que te vistas de Mbappé o te dejes crecer el pelo para parecerte a Haaland, tenemos dos secciones finales que quizá te ayuden a decidirte.

Mbappé y Haaland acumulan ya tantos momentos destacados que es complicado que quepan en un único libro, así que hemos seleccionado sus cinco actuaciones estelares hasta la fecha…*

* *¡Según nuestra opinión!*

MOMENTOS ESTELARES DE MBAPPÉ

¡CUIDADO, EUROPA!

MANCHESTER CITY 5 | 3 AS MÓNACO

22 DE FEBRERO DE 2017

Un joven Kylian de dieciocho años arrasó en su primer partido como titular en la Liga de Campeones. Anotó su primer gol en la competición con una magnífica vaselina que superó al guardameta del City, Willy Caballero. A continuación, dejó con la boca abierta a Pep Guardiola en el partido de vuelta. Mbappé abrió el marcador que, a la postre, daría la clasificación al AS Mónaco para la siguiente ronda. «Mbappé es muy rápido», admitió un anonadado Pep Guardiola.

GOAT FRENTE A GOAT

FRANCIA 4 | 3 ARGENTINA

30 DE JUNIO DE 2018

Mbappé contra Messi: el futuro GOAT contra el GOAT actual. En uno de los mejores partidos de la historia de la Copa Mundial, Mbappé se impuso con un gol, dos asistencias y el trofeo al mejor jugador del partido. ¿Su acción más memorable en una auténtica clase magistral? Esa increíble carrera.

KYLIAN, CAMPEÓN DEL MUNDO

FRANCIA 4 | 2 CROACIA

15 DE JULIO DE 2018

Kylian se convirtió en el primer adolescente que consiguió un gol en una final de la Copa Mundial desde Pelé, y Francia se hizo con el trofeo. Su golazo arrancando desde el centro del campo le permitió proclamarse segundo máximo goleador del torneo… ¡y alcanzar el estrellato mundial!

UN GOL HISTÓRICO

PSG 4 | 2 FC NANTES

4 DE MARZO DE 2023

El tanto de Mbappé en el tiempo añadido sirvió para ampliar la ventaja del PSG al frente de la Ligue 1 a 11 puntos. Y, lo que fue más relevante, supuso el gol número 201 del jugador de veinticuatro años con el PSG en solo 247 partidos, lo que le convirtió en el máximo goleador de la historia del club.

UN DEBUT SOÑADO

REAL MADRID 2 | 0 ATALANTA

14 DE AGOSTO DE 2024

Primer partido con el Real Madrid y primer trofeo con los blancos: la Supercopa de la UEFA. También logró su primer gol con su nuevo equipo en el minuto 68. «Ha sido una gran noche; llevaba mucho tiempo esperando este momento», afirmó.

MOMENTOS ESTELARES DE HAALAND

¡PÓQUER RELÁMPAGO!

MOLDE 4 | 0 BRANN

1 DE JULIO DE 2018

Con solo diecisiete años, Haaland logró anotar cuatro goles de diferente factura en los primeros 21 minutos del partido: velocidad, fuerza, desequilibrio y sangre fría desde el punto de penalti. Los ojeadores empezaron a relamerse…

¡UN TRIPLETE DE *HAT-TRICKS*!

NORUEGA S20 12 | 0 HONDURAS S20

30 DE MAYO DE 2019

La mayoría de los delanteros soñarían con marcar nueve goles en un torneo entero. Haaland lo logró en un solo partido. Anotó los nueve tantos desde dentro del área, ocho de ellos con la zurda. Demostró al mundo que era un auténtico depredador del área.

CARTA DE PRESENTACIÓN EN LA LIGA DE CAMPEONES

FC SALZBURGO 6 | 2 GENK

17 DE SEPTIEMBRE DE 2019

Haaland no sintió presión alguna en su debut en la Liga de Campeones y logró un *hat-trick* en la primera parte del encuentro. Sigue siendo el único jugador de la historia que ha marcado tres goles en sus primeros 45 minutos en la máxima competición europea.

UN DEBUT PARA RECORDAR

AUGSBURGO 3 | 5 BORUSSIA DORTMUND

18 DE ENERO DE 2020

Con el Dortmund perdiendo 3-1 y el tiempo agotándose, el entrenador Lucian Favre decidió jugarse la baza del nuevo fichaje de 20,3 millones de euros: Erling Haaland. El noruego saltó al terreno de juego en el minuto 56 y no tardó en ponerse manos a la obra. **¡Gol!** El primer tanto de Haaland llegó cuando apenas llevaba tres minutos en el terreno de juego. **¡Gol!** Un nuevo tanto del noruego sirvió para adelantar al Dortmund once minutos más tarde. **¡Gol!** 20 minutos después de saltar al campo, Haaland completó su *hat-trick* y el Dortmund acabó llevándose el encuentro.

MANCHESTER ES AZUL

MANCHESTER CITY 6 | 3 MANCHESTER UNITED

2 DE OCTUBRE DE 2022

Haaland destroza al United con tres goles y dos asistencias, y es proclamado el mejor jugador del derbi. ¡Manchester seguía siendo azul!

EL MUNDO DEL FÚTBOL SE POSICIONA...

EQUIPO MBAPPÉ

«Mbappé es el mejor jugador del momento. Haaland marca más goles, pero Mbappé es el mejor, el que mejor juega».

OWEN HARGREAVES

«Haaland te quitará el sueño, pero no tanto como Mbappé. Puede hacer muchas cosas diferentes».

RIO FERDINAND

«Son dos delanteros increíbles, pero muy diferentes. A mí me gustan los delanteros con instinto asesino, y Mbappé te aniquila de otra manera. Mbappé te da algo diferente».

THIERRY HENRY

«Mbappé es el futuro y el presente. Es un jugador fantástico y muy rápido».

CRISTIANO RONALDO

«Mbappé es un jugador más completo; puede hacer más cosas que Haaland. Es capaz de hacer jugadas sorprendentes que te harán reaccionar con un ¡guau!».

ZLATAN IBRAHIMOVIĆ

No somos los únicos que no nos ponemos de acuerdo sobre quién es el GOAT del futuro del fútbol. Para ayudarte a tomar la decisión final, pensamos que te vendría bien un poco de ayuda de algunos futbolistas y entrenadores famosos que han compartido momentos con Haaland y Mbappé.

EQUIPO HAALAND

«Erling Haaland es el mejor jugador del mundo en estos momentos. Lionel Messi es el más grande, pero, actualmente, nadie está jugando mejor que este delantero que me deja sin aliento con su increíble nivel».

WAYNE ROONEY

«Ambos son increíbles, pero, si tengo que elegir a uno, me quedo con Haaland. Siempre me ha gustado».

THIAGO MESSI (HIJO MAYOR DE LEO)

«Haaland es un gran jugador; está a un nivel espectacular... Es uno de los mejores nueve del mundo y marcará una época».

LUIS SUÁREZ

«Erling es, sin duda, el mejor delantero del mundo, si no el mejor futbolista del mundo».

RASMUS HØJLUND

«Erling Haaland es el mejor delantero del mundo».

PEP GUARDIOLA
(CREEMOS QUE PUEDE SER UN TANTO PARCIAL...)

«Haaland es quizá el mejor jugador del mundo en la actualidad».

MARTIN ØDEGAARD
(MMM, TAMBIÉN PODRÍA SER POCO IMPARCIAL...)

EN SUS PROPIAS PALABRAS...

«Hay muchos buenos jugadores y Kylian es uno de ellos. Es un jugador increíble. Es muy rápido y potente y lleva muchos años demostrándolo. ¿Qué edad tiene? ¿Dos años mayor que yo? Es una locura... Es un fenómeno».

HAALAND (2023)

«Solo está en el inicio de una carrera increíble. Me alegro por él, por lo que está logrando. Sin embargo, yo no solo he jugado de delantero centro, también lo he hecho por la izquierda y por la derecha. Modestamente, no creo que nadie sea capaz de cambiar así de posición cada año y mantener un gran rendimiento al más alto nivel»

MBAPPÉ (2022)

EN PALABRAS DE OTROS GOAT...

«Tanto Haaland como Mbappé ganarán el Balón de Oro algún día».

MESSI

«Es difícil elegir a un solo jugador para decir "este será el mejor". Es muy gratificante ver esta nueva generación de jugadores jóvenes, como Erling Haaland y Kylian Mbappé, que ya están despuntando».

RONALDO

¡Piiii! Eso es todo, amigos; ha sonado el silbato final. Hemos hecho todo lo posible para ofrecerte todo lo que necesitas saber sobre nuestros GOAT y su…

- Carácter
- Habilidades
- Estadísticas
- Incidencia

Ahora, ¡tú decides! ¿Quién será el futuro GOAT del fútbol, Mbappé o Haaland? Tanto si eliges cruzar los brazos emulando a Mbappé como hacer el robot en honor de Haaland, es importante no olvidar que ambos son jugadores increíbles. ¡Suerte!

Mi GOAT del fútbol es:

……………………………………

NO TE PIERDAS LA COLECCIÓN

LOS GOAT DEL FÚTBOL

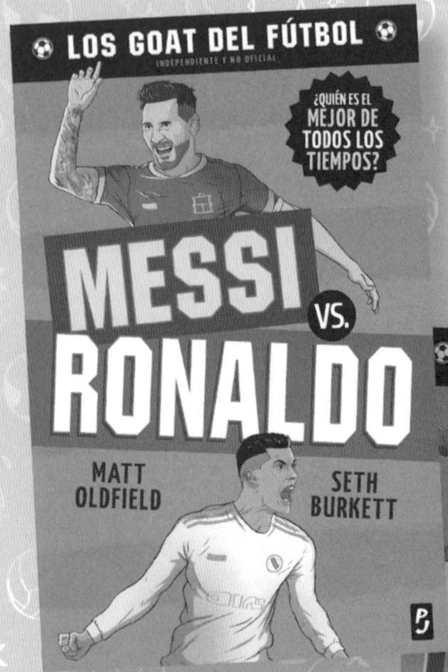